Gerrit-Richard Ranft

Mit Kindern unterwegs

Im Spessart

Fleischhauer & Spohn Verlag

Titelbild: Die Spessart-Räuber vor Mespelbrunn
Bildnachweis: Alle Aufnahmen stammen vom Verfasser.

Umschlaggestaltung und Layout: Rainer Wittner, 67435 Neustadt

Kartenskizze auf der Umschlagrückseite: Gestaltungsatelier Walter Geb-
hard, 74821 Mosbach, e-Mail: gestaltungsatelier.gebhard@t-online.de

© 2002 by Fleischhauer & Spohn Verlag, 74321 Bietigheim-Bissingen

Gesamtherstellung: Laub GmbH & Co., 74834 Elztal-Dallau

ISBN: 3-87230-579-4

Inhalt

Inhalt

Inhalt

Liebe Kinder, liebe Eltern,
liebe Wanderfreundinnen und Wanderfreunde,

Wandern ist eine herrliche Freizeitbeschäftigung. Man lernt Landschaften kennen, erforscht die Natur, sieht sie zu den verschiedenen Jahreszeiten. Man bekommt eine ganz andere Einstellung zur Schöpfung, zu Fauna und Flora, versteht sie besser und ist bereit, sie zu schützen.

Wandern ist aber nicht nur für Erwachsene oder ältere Menschen, mit Kindern lässt sich wunderbar marschieren und erkunden. Der Spessart als größtes zusammenhängendes Laubwaldgebiet Deutschlands bietet sich hierfür hervorragend an. Man kann stundenlang durch die Wälder gehen, ohne Ortschaften zu berühren. Im Sommer ist es besonders schön, wenn das schützende Laubdach vor der Sonne schützt.

Der Spessartbund hat viel vorbereitet, über 6 000 Kilometer markierte Fern- und Weitwanderwege und Rundwanderwege stehen zur Verfügung. Einige davon hat der Verfasser dieses Buches beschrieben. Weitere interessante Wege speziell für Eltern mit Kinderwagen und für Rollstuhlfahrer sind ebenfalls markiert. Eine entsprechende Zusammenstellung können Sie über unsere Geschäftsstelle beziehen.

Bei Ihren Wanderungen im Spessart wünsche ich Ihnen viel Spaß, erleben Sie Natur pur und schauen Sie sich einige unserer kulturellen Höhepunkte an.

Frisch Auf

Hanns-Erich Heckelmann – 1. Hauptvorsitzender des Spessartbund e.V. Aschaffenburg

In diesem Ausflugsanreger sind 50 Vorschläge zusammengeführt zu kurzweiligen, anregenden, abwechslungsreichen Unternehmungen im und durch den Spessart. Darunter sind kurze Wanderungen durch weite Wälder ebenso wie Spaziergänge übers freie Feld. Stadtrundgänge sind enthalten, Besuche in Museen, auf mittelalterlichen Burgruinen, beim Hammerschmied, auf Schneewittchens Schloss, bei den Spessarträubern, in Wildparks, an Fluss und Bach und See.

Einige wenige Texte schildern besondere Verhältnisse, die den Spessart von anderen deutschen Waldgebirgen unterscheiden. Sie gelten dem Wirtshaus im Spessart, dem Erzwilderer Johann Adam Hasenstab, natürlich den Räubern im Wald, dem Waldgebirge selbst und dem Archäologischen Spessart-Projekt. Diese kleinen Arbeiten sind so knapp und so kurz wie nur irgend möglich gehalten. Sie sollen einen gerafften Einblick vermitteln in die ungewöhnliche, zu großen Teilen noch immer unbekannte Welt des Spessart.

Jedem Ausflugsvorschlag ist ein Päckchen mit zusätzlichen Auskünften angehängt. Sie enthalten Anschriften von Gemeinden, Touristikeinrichtungen, Gasthöfen, Museen mit Telefon- und Telefaxnummern, mit e-Mail- und Internet-Adressen, soweit zweckmäßig und vorhanden. Eintrittspreise sind in keinem Fall aufgeführt, weil sie häufigem Wechsel unterliegen. Wohl aber sind alle Öffnungszeiten genannt, einschließlich der Ruhetage von Gasthäusern.

Als Ausflugskarten im Spessart empfehlen sich:

Maßstab 1 : 50 000:
Fritsch Spessart-Nord
Fritsch Spessart-Süd
Naturpark Spessart-Süd, Bayerisches Landesvermessungsamt
Naturpark Spessart-Nordost, Hessisches Landesvermessungsamt

Maßstab 1 : 100 000:
Naturpark Spessart Nordwest, Hessisches Landesvermessungsamt
Ravenstein Spessart

Diese Karten sind in den Texten nicht mehr gesondert aufgeführt.

Autor und Verlag wünschen dem Spessartgast frohe Tage oder gar Wochen in Deutschlands größtem zusammenhängenden Laubwaldgebiet, dem Mittelgebirgszug zwischen Main, Sinn und Kinzig.

Der Spessart

Waldgebirge in stiller Ruh

Der Spessart ist ein Waldgebirge, knapp 2 500 Quadratkilometer groß, umfasst von drei Flüssen, dem Main zwischen Gemünden und Hanau, der Kinzig im Nordwesten, der Sinn im Nordosten. Zwei Drittel seiner Fläche gehören zum Freistaat Bayern, der Rest zum Land Hessen. Die höchste Erhebung ist der 586 Meter hohe Geyersberg im Rohrbrunner Forst. Berge und Hänge sind vom größten zusammenhängenden Laubwaldgebiet Deutschlands bedeckt. Nur um die wenigen Spessartdörfer herum ist waldfreies Gebiet.

Die Autobahn Frankfurt – Würzburg durchschneidet den Spessart von Nordwest nach Südost. Die Eisenbahn von Lohr nach Aschaffenburg durchquert das Gebirge, in dem sie die Wasserscheide zwischen den Flüssen Aschaff und Lohr beim Ort Heigenbrücken im Tunnel unterfährt.

Das ums Jahr 1200 entstandene Nibelungenlied gibt dem Spessart den Namen „Spechteshart", Spechtswald. Dort begegnet der Specht dem Besucher auch heute noch – auf Wirtsschilden, als Symbol des Spessartbundes, in Holz geschnitzt, in Stein gemeißelt, in Eisen geschmiedet, in Blei gegossen. Als lebenden Waldbewohner entdeckt ihn der Wanderer immer wieder. Etwas Aufmerksamkeit verlangt der scheue Vogel allerdings.

Der uralte „Eselsweg" zieht vom Main bei Miltenberg auf der Wasserscheide über den „Echterspfahl", auch „Eselshöhe" genannt, nach Norden durchs Waldgebirge auf Schlüchtern zu. Nördlich des Spessartdorfs Wiesen vereinigt er sich für ein paar Kilometer mit der mindestens eben so alten „Birkenhainer Straße", die von Hanau her auf dem Grat des Gebirges nach Gemünden führt.

Der Spessart ist spät besiedelt worden. Die Erzbischöfe von Mainz als Landesherren nutzten die weiten Wälder für Ihre Hofjagden. Erst im 12. Jahrhundert durften Siedler in den Spessart ziehen. Vor allem Glasmacher kamen. Als aber der hohe Brennholzbedarf ihres Handwerks die Wälder vernichtete, wurde die Glasbläserei aufgegeben. Ihr folgten die Eisenschmiede, die an Flüssen und Bächen mit Wasserkraft ihre Hämmer betrieben und mit Kohle heizten.

Der Tourismus hat den Spessart spät und bis heute nicht recht entdeckt. An den Wochenenden rollen zwar die Reisebusse an, laden ihre Fracht vor allem in Mespelbrunn ab, legen einen Halt ein in den Städten am Waldrand – in Klingenberg und Miltenberg, in Wertheim, Marktheidenfeld und Lohr, in Gemünden vielleicht noch, in Steinau, Schlüchtern, Bad Orb. Das Waldgebirge selbst liegt meist in stiller Ruh – weithin jedenfalls und immer noch.

Spessarträuber gehen mit der Zeit

1 Schnuppern und Tasten in Kleinheubach

Ein Paradiesgarten auch für Kinder

„Ist das nicht eine Oase, ein Paradiesgarten für Kinder wie für Erwachsene?" Die da so schwärmt für den Garten Eden nah dem Mainufer wenig flussabwärts von Miltenberg ist Partei, ist Eigentümerin und Gründerin des „Bier-, Wein- & Vespergartens Parkhof". Dennoch ist richtig, was Gisela Stenger feststellt. Nico und Vivien beweisen es soeben.

Die Geschwisterchen strecken ihre noch kurzen Ärmchen ins frische Wasser eines Kneippschen Armkühlbeckens und grinsen dabei verschwörerisch. Sie sind soeben vom Spielplatz hergeeilt, der zum Parkhof gehört und im wesentlichen aus einer großen Wiese besteht. Dort waren beide nach Kräften umhergetollt, waren auf Holzpferdchen geritten, mit Gummitierchen gehopst, unterm Rasensprenger durchgeschlüpft, hatten in der großen Sandkiste Löcher in die Erde gegraben. Nun tut Abkühlung not.

Der Parkhof aber ist mehr als ein kleines Kinderparadies. Grad hinterm Kneippbecken beginnt der „Blindengarten Sankt Odilia". In ihm wachsen und blühen in fünf Hochbeeten Dutzende Pflanzen. Blinde sollen sie dort ertasten, an ihnen schnuppern, ihre Freude haben an der für sie nicht sichtbaren Pracht. Zwischen die Beete sind kleine Lauben gesetzt mit jeweils einer Ruhebank darin. In ihnen verströmen Rosen bei Tag, das Geißblatt bei Nacht ihren Duft. Orangen-, Mandarinen-, Zitronenbäumchen fehlen nicht im Garten. Schließlich noch gibt's sechs kistenähnliche Hochbeete mit drei- bis fünfjährigen Bäumchen aus heimischen Wäldern. Der ganze Garten wird beschützt von einer kleinen Statue der heiligen Odilia, Schutzpatronin der Blinden.

Dem Blindengarten schließen sich eine frei zugängliche „Waldbaumschule" und große „Hortensienfelder" an. Unregelmäßig im Park verstreut stehen jahrhundertealte Laubbäume wie Eichen, Linden, Platanen. Unter ihnen ein Eichbaum von gut und gern 450 Jahren. Fachleute geben ihm auch schon mal ein Alter von 650 Jahren. Im Schatten der Eiche warten Tische und Bänke auf Gäste. Und wenn der Besucher dort ein wenig verträumt in die stille Parklandschaft hinausschaut, geschieht hin und wieder ein kleines Wunder.

Drüben hinter den Hortensienfeldern und den hohen Bäumen zieht dann unerwartet ein Schiff vorüber, geräuschlos, poetisch, wie von Zauberhand bewegt. Weil der Wasserspiegel des Main nur wenig unter dem Niveau des Parks liegt, schwimmen Ausflugsdampfer und Transportkähne daher. Bringt einer dann gar noch etwas Glück mit, so trifft er unter der uralten Eiche die Eigentümerin und Freizeitwirtin persönlich an.

Die erzählt ihm, so sie ein wenig Zeit übrig hat, von ihrem Park und was noch dazu gehört. Von ihrem „Biogärtchen" ganz bestimmt, das alten Klostergärten nachempfunden ist. Hinter dem hohen Staketenzaun wachsen sämtliche alten Wildkräuter, wie sie für einen kräftigenden Salatteller im Parkhof gut sind. Und damit auch das Auge am Essen seine Freude habe, kommen auf den Salat noch Ringelblütenblätter oder Boretschblüten oder Salbei. Der Gesundheit tun diese Zutaten auch noch gut. Zwei Dutzend altenglische Duftrosenarten sind im Gärtlein versteckt als Kletter-, Strauch- oder Beetrosen. Die ganze zarte Anlage gründet auf Gedanken von Walahfrid Strabo, im frühen 9. Jahrhundert Abt im Bodenseekloster Reichenau. Eine berühmte Gedichtsammlung über Blumen und Kräuter hat er dort verfasst.

Wenn dann den Gast der Abend überkommt, die Sommersonne allmählich einzuschlafen beginnt und der Mond hochsteigt, vollzieht sich fast unbemerkt noch ein anderes kleines Wunder. Im Kräutergarten tut die Nachtkerze ihre Blüten auf. „Oenothera odorata folgt nicht der Sonne", sagt die Gärtnerin aus Liebe im Parkhof, „sie gehorcht dem Mond und ist sicher den fliegenden Gästen der Nacht eine freundliche Wirtin". Wo am Tag ein eher unscheinbarer Strauch einfach so dasteht, klappen am Abend nach und nach strahlendgelbe Blüten auf. Die zaubern binnen kurzer Zeit einen großen leuchtenden Fleck in den Garten und warten nun auf die Besucher, die sie bestäuben sollen. Zwei Stunden vor Sonnenaufgang schließen sich die Blütenkelche.

Der Weg zum Parkhof:
Über die Mainbrücke von Großheubach (siehe Kapitel 3 „Großheubach") nach Kleinheubach hinüber. An der ersten Abfahrt sofort hinunter, aber nicht nach Kleinheubach hinein sondern den Wegweisern „Parkhof" und „Blindengarten St. Odilia" folgen. Der Radweg Richtung Miltenberg und der Maintalradwanderweg führen gleichfalls zum Parkhof.

Auskunft: Parkhof
Altstadtweg 8
63897 Miltenberg
Telefon 0 93 71/95 95 84
Telefax 0 93 71/50 61 50

Hinweis:
Nah beim Parkhof liegen, allerdings von Erde bedeckt, die Überreste eines römischen Kastells. In ihm war vor gut 1 800 Jahren eine 480 Mann starke Reiterkohorte stationiert. Das knapp drei Hektar große Kastell war von einer Zivilsiedlung umgeben. Direkt am heutigen Bahndamm sind die Reste des Kastellbads zu se-

hen. Ihm passt sich die neuzeitliche „Knie- und Schenkelgussanlage" an. Auf dem Gelände des heutigen Parkhofs könnte durchaus schon in römischer Zeit eine Art früher Gasthof unterhalten worden sein. Schließlich wünschten sich wohl auch damals die Legionäre, wenn sie vom Felddienst kamen und das Bad aufsuchten, ein wenig Unterhaltung, Abwechslung und einen guten Umtrunk. Am nahen Parkplatz beschreibt eine Informationstafel die Einrichtungen aus römischer Besatzungszeit vor 1 800 Jahren (siehe Kapitel 2 „Miltenberg").

Nico und Vivien beim Kneippen

Hier irrte Goethe

Grad viel ist es nicht, das die „Mildenburg" hoch über dem Mainstädtchen Miltenberg über die Zeiten gerettet hat. Bis auf ein paar
Steindenkmale im Burghof gibt es eigentlich überhaupt nichts anzu-
schauen. Denn die Burg selbst ist öffentlich nicht zugänglich. Wohl
aber kann der Besucher den Bergfried aus dem späten 12. Jahrhundert hinaufsteigen. Und dieser Weg lohnt sich. Denn der Ausblick,
den der Gast von dort oben genießt, ist mit wenigem vergleichbar im
Spessart und an seinen Rändern. Hinunter in die fast noch mittelal-
terlich wirkende Miltenberger Altstadt schaut der Turmbesucher,
auch auf den Main und seine Schiffsflotte aus Transportkähnen, Aus-
flugsdampfern, Ruder- und Segelbooten, hinüber dann ins Miltenberg jenseits des Stroms und auf die Waldhöhen des Spessart dahin-
ter. Bevor der Gast allerdings Ausschau halten kann, muss er erst mal
78 Treppenstufen vom „Schnatterloch" in der Altstadt her hinaufsteigen zum Burghof, dann noch mal 46 Stufen bis zum Einlass in
den Bergfried und weitere 75 im Turm selbst. Diese Mühe sollte nie-
manden schrecken.

Die Geschichte der Mildenburg setzt wohl gegen Ende des 12.
Jahrhunderts ein. Bauherren waren die Erzbischöfe von Mainz. Als
Amtssitz eines Mainzer Burggrafen wird der Bau im Jahr 1226 erstmals in einer Urkunde genannt. Im späten 15. Jahrhundert brennt
ein Teil der Burg nieder. Im Bauernkrieg besetzt 1525 der „Ritter
mit der eisernen Hand", Götz von Berlichingen, gemeinsam mit ei-
ner Schar aufständischer Bauern aus dem Odenwald die Mildenburg.
Schweren Schaden nimmt sie im Markgrafenkrieg 1552 und im
Dreißigjährigen Krieg. Mitte des 18. Jahrhunderts verlieren die
Mainzer Kurfürsten ihr Interesse an der Burg. Ihr Amtmann zieht
aus. Die aufgegebene Festung nutzen Miltenberger Bauherren als
Steinbruch. Die Burg verfällt weitgehend. Im 19. Jahrhundert kaufen
Privatleute die verbliebenen Reste. Seit 1979 gehören sie der Stadt.

Miltenberg führt seine belegbare Vergangenheit bis ins frühe 13.
Jahrhundert zurück. Zwar hatten in der Gegend zuvor schon mal römische Besatzungstruppen gelegen, hatten Kastell, Zivilsiedlung, Bä-
der und Wachtürme unterhalten. Doch liegt diese Epoche gut tau-
send Jahre vor der Miltenberger Zeitrechnung im Dunkel der
Geschichte (siehe Kapitel 1 „Kleinheubach"). Ein paar steinerne Zeugen aus jener Zeit werden im Museum bewahrt. Im Mittelalter galt
Miltenberg als wohlhabend. Es prägte sein eigenes Geld. Ihren
Reichtum schöpfte die Stadt aus ihrer günstigen Lage an dem wichti-
gen Handelsweg von Frankfurt am Main nach Nürnberg.

Auf einem schmalen Landstreifen zwischen Berghang und Mainufer breitete sich die Stadt aus, am einen Ende vom Würzburger, am

andern vom Mainzer Tor beschützt. Der Bauernkrieg schonte trotz Besetzung durch einen Bauerntross Stadt wie Burg. Zwar heißt es in Goethes Bauernkriegsdrama „Götz von Berlichingen", Miltenberg brenne. Doch hier irrte der große Dichter. Die Stadt kam glimpflich davon, weil es sich beizeiten auf die Seite der aufständischen Bauern geschlagen hatte.

Ein kurzweiliger Rundgang führt durch die fachwerkselige Altstadt. Nah dem Mainzer Tor an der Laurentiuskapelle aus dem 14. Jahrhundert beginnt er, läuft am Schwertfeger Tor und am Judenbad vorüber zur Pfarrkirche Sankt Jakobus. Die Stadtkirche wirkt nach mancherlei Umbauten zwar überwiegend klassizistisch, reicht in ihren ältesten Teilen jedoch bis ins 14. Jahrhundert zurück. Durchs „Schnatterloch", wie der Marktplatz im Volksmund heißt, am Alten Rathaus und dem mächtigen Fachwerkbau des „Gasthaus zum Riesen" vorüber erreicht der Rundgang allmählich das Franziskanerkloster am Engelplatz, die Mainbrücke und schließlich das Würzburger Tor und den Zuckmantelturm.

Der Weg nach Miltenberg:
Von Aschaffenburg her auf der B 469, aus Richtung Würzburg auf der Autobahn bis Anschlussstelle 65 „Marktheidenfeld", weiter über Wertheim.

Auskunft:	Tourist Information
	Engelplatz 69, 63897 Miltenberg
	Telefon 0 93 71/40 41 19
	Telefax 0 93 71/40 41 05
	e-Mail tourismus@miltenberg.de
	Internet www.miltenberg.de

Hinweis:
Für kleine und große Leute, die gut zu Fuß sind und gern weit wandern, haben der Fremdenverkehrsverein und die Stadt Miltenberg den „Römerweg" entwickelt. Die Rundwanderstrecke ist 19 Kilometer lang, mit einem gelben „R" gekennzeichnet und führt über acht Bodendenkmäler, darunter das Kohortenkastell „Miltenberg-Altstadt" (siehe Kapitel 1 „Kleinheubach") und das ihm benachbarte Römerbad sowie eine römische Straßenstation und ein Wachturm.

Im Miltenberger Schnatterloch

Opfer für den Hunnenstein

Das kann ein hartes Stück Arbeit werden heute. Über 612 Treppenstufen, „Engelsstaffeln" genannt, führt der Weg vom Mainstädtchen Großheubach an sechs Kreuzwegstationen vorbei auf den „Engelberg" hinauf. Da heißt es, sich Zeit zu nehmen auf dem Gang nach oben. Die ist ohnehin vonnöten. Denn immer wieder ist ein Halt angebracht, um die ständig weiträumiger und großartiger werdende Aussicht ins Tal zurück zu erleben. Drunten liegt Großheubach. Der Main zieht in einer langgestreckten Schleife Richtung Aschaffenburg vorüber. Jenseits des Stroms drängen die Ausläufer des Odenwalds ins Bild.

Auf dem Engelberg stand wohl schon im 14. Jahrhundert eine Kapelle. Dort errichtete der Kapuzinerorden 1630 – mitten im dreißigjährigen Krieg – ein Kloster. Das wurde Anfang des 19. Jahrhunderts im Zuge der Säkularisation aufgelöst, im Jahr 1829 jedoch als Franziskanerkloster neu belebt. Als solches steht es noch heute auf dem Berg. Vor der Kirche wacht die Sandsteinfigur des Erzengels Michael. Die Brüstung des Treppenaufgangs ist mit neckischen Putten besetzt. In der Kirche wird seit Jahrhunderten schon eine Marienstatue als Gnadenbild verehrt.

Der Weg hinauf zum Engelbergkloster führt allerdings nicht allein über die Treppe. Auf einer festen Straße kann der Autofahrer heute bequem auf die Höhe rollen und auf einem der zahlreichen – gebührenpflichtigen – Parkplätze das Fahrzeug abstellen. Dort am untersten Parkplatz beginnt eine Wanderung, die nun stellenweise kaum weniger anstrengend wird als der Treppenaufgang – ein lohnendes Opfer aber auf dem Weg zum „Hunnenstein". Diese Route sind immerhin über die Jahrhunderte hin auch schon die Salzhändler hinauf- und hinuntergezogen mit ihren schwer bepackten Eseln. Ein Teilstück dieses „Eselswegs" (siehe Kapitel 42 „Wachhütte") durch den Spessart nimmt diese als „Wanderweg 3" vom Engelberg her ausgeschilderte Runde unter die Stiefel. Zwischen Großheubach und Schlüchtern im Kinzigtal streckt sich der einstige Eselsweg heute als Fernwanderweg über eine Länge von 111 Kilometern hin.

Auf der Wanderwegtafel am Parkplatz beim Kloster Engelberg ist eine letzte Orientierung hilfreich. Dort ist zu erkennen, wie sich Weg 3 in einer lang gestreckten Schleife den Hang hinaufzieht, am „Hunnenstein" und am „Radstein" vorüberläuft und endlich zum Engelberg zurückkehrt. So weit führt dieser Vorschlag nicht. Bald nach dem Hunnenstein wählt er eine Abkürzung, die auf einem bequem zu gehenden, ständig abwärts führenden Waldweg zurückläuft. Der sei der Lohn für die anfängliche Strapaze.

Nun also mit dem „E" für Eselsweg und der „3" für den Rundweg vom Parkplatz fort erst mal bergan. Nach 400 Metern zweigt an einer Weggabel die 3 nach rechts und wenig später mit dem „E" zusammen nach links zum „Hunnenstein" ab. Nun beginnt der erste steile Anstieg. Ein Waldweg wird nach 400 Metern überquert. Jenseits geht's in gleicher Weise weitere 400 Meter bergan. Damit aber hat die Mühsal einigermaßen ihr Ende gefunden.

Der Wanderweg 3 verläuft nun weithin eben mit nur noch gelegentlichen kleineren, kaum anstrengenden Anstiegen. Dafür aber wird aus dem Weg erst mal ein Pfad, der sich über gut 300 Meter zwischen Himbeer- und Brombeersträuchern hinzieht. Es folgt ein weiterer Querweg, den das „E" kreuzt. Drüben steht für eine Wanderrast eine große sechseckige Schutzhütte. Von hier aus weiter dem „E" nach und nach 300 Metern dem Wegweiser „Hunnenstein" oder auch dem gelben „H".

Das Felsenmeer rund um den Hunnenstein ist nun bald erreicht. Ob der vierkantige Fels, der über eine kleine Leiter leicht zu besteigen ist, in vorgeschichtlicher Zeit ein Kult- oder Opferplatz war, ist bis heute nicht gültig geklärt. Mächtige „Fußabdrücke" oben im Felsen erwecken den Eindruck, als hätten Riesen sie in den Stein getreten. Ein normal gewachsener Wanderer stellt leicht beide Füße gleichzeitig in eine einzige Fußspur. Ein Holzzaun auf dem Hunnenstein verhindert, dass jemand runterfällt.

Hier am Hunnenstein ist ein knappes Drittel der gesamten Wegstrecke zurückgelegt. Damit liegt zugleich der schwierigste Teil hinter den Wanderern. Künftig geht es nur noch eben und bergab. Weiter also, wie das gelbe „H" und der gelbe Pfeil es zeigen. Nach 300 Metern durch Felsgestein und auf schmalem Pfad mündet der Abstecher wieder in den Eselsweg ein. Dort nun rechts. Beiderseits des Wegs lagern immer noch mächtige Felsbrocken, vergleichbar hier und da dem Felschaos am Hunnenstein. Nach 800 Metern geht die Wanderung in einen Schotterweg über, der von rechts heraufsteigt.

Genau hier biegt dieser Wandervorschlag rechts ab, während Wanderweg 3 und auch der Eselsweg gradaus und leicht bergan weiterlaufen. Bald kommt von links ein Waldweg heran. Eine Tafel an einem Baum dort zeigt für den Weg über Engelberg nach Großheubach eine Stunde an. Dies ist wieder Wanderweg 3. Und hier ist genau die Hälfte des Rundgangs zurückgelegt. Noch 3,3 Kilometer immerzu auf diesem Weg und ständig leicht bergab sind's zurück zum Kloster Engelberg.

Der Weg zum Kloster Engelberg:
Entweder über die 612 Stufen die Engelsstaffeln von Großheubach aus hinauf oder mit dem Auto von Großheubach her den Wegweisern „Engelberg" folgen. Das Fahrzeug bleibt am geschicktesten auf dem unteren der Parkplätze zurück.

Auskunft:	Touristik Information Großheubach Kirchstraße 4 63920 Großheubach am Main Telefon/Telefax 0 93 71/6 50 04 70
	e-Mail info@grossheubach.de
	Internet www.grossheubach.de
Weglänge:	6,6 km
Einkehren:	Kloster-Wirtschaft Engelberg in Groß- heubach, Telefon 0 93 71/26 25 (10.00 bis 18.00 Uhr geöffnet, montags Ruhe- tag) oder in Großheubacher Gasthäusern

Auf dem Hunnenstein

Nirgends schöner als in Werthe

Wenn Ludwig Dreikorn Besuchern sein heimeliges Wertheim vorstellt und erklärt, müssen vor allem seine kleinen Gäste auf der Hut sein. Der Stadtführer nämlich schleppt sie nicht einfach im Zehnerpack durch Gassen und Höfe, Stiegen rauf und Treppen runter. Nein, Dreikorn erzählt Geschichten aus alter Zeit, wie Wertheim wurde, was es ist. Und ganz unvermittelt schiebt er eine Frage ein. „Was meint Ihr, wie alt ist die Burg da oben?" oder „Wie hoch schätzt Ihr den Spitzen Turm dort?" Bei Ludwig Dreikorn muss der Besucher aufpassen. Aber Ludwig Dreikorn ist auch gut für eine kurzweilige Stadtführung. Dies nicht zuletzt, weil er sein kleines und überschaubares Städtchen an Main und Tauber so gern hat.

„'s ist auf der ganzen Erde nirgends schöner als in Werthe" tut der Stadtführer Dreikorn immer wieder kund. Der zugegeben etwas neckischklobige Reim ist so weit nicht von der Wahrheit. Am Ende des Rundgangs ist der Besucher sogar überzeugt, dass Dreikorn recht hat. In der Regel startet er seine Runde durch die Stadt und zurück ins Mittelalter nah am Mainufer und am Schiffsanlegeplatz – vor dem hoch aufragenden „Spitzen Turm". Der ist einer der letzten von einst 18 Stadttürmen, die das mauerumwehrte Städtchen Wertheim vor ungebetenen „Gästen" schützten. Wenn nicht grad der Turmfalke droben brütet oder noch mit der Aufzucht seiner Brut beschäftigt ist, schickt Dreikorn seine Gäste erst mal hinauf bis zum Ausguck unterm spitzen Dach.

Der Aufstieg über 135 Treppenstufen lohnt sich. Droben packt den Gast ein Staunen. Wertheim sieht – von dort betrachtet und nach bald 400 Jahren – heute noch fast genau so aus wie auf den Kupferstichblättern des Erich Kieser. Da sind dieselben Straßenzüge wie Anno 1626. Da steht mitten im Bild der Spitze Turm. Die Tauberbrücke ist noch immer an der alten Stelle. Die Burg der Grafen von Wertheim überragt weiterhin die Stadt, und die alte Stiftskirche beherrscht wie eh und je das altertümliche Bild.

In dieser Weise gut vorbereitet, nimmt Ludwig Dreikorn seine Stadtbesucher bei der Hand. Vom Spitzen Turm her – zeitweilig auch Stadtgefängnis – geht's kreuz und quer durch Wertheim, das vom 13. Jahrhundert an auf dem linken Mainufer und nah der Taubermündung nach und nach herangewachsen ist. Zum „Malerwinkel" am Neuplatz zunächst, einer der wohl romantischsten Ecken in der Stadt. Hier stand einmal eine Synagoge, die letzte von einst fünf jüdischen Bethäusern. Weiter dann durch Altstadtgassen, die sich über die Jahrhunderte hin kaum verändert haben. Die Autos allerdings muss der Gast sich hier – wie anderswo auch – wegdenken.
Seit mehr als 400 Jahren drängeln sich die Bürgerhäuser dicht zu-

sammen, unten Sandstein, drüber Fachwerk. Eine wahre Euphorie des Bauens war in den Jahren zwischen 1570 und 1580 über Wertheim gekommen. „Das waren gute Weinjahre damals", sagt Dreikorn, „da konnte man wohl fleißig drauf los bauen". Und Wertheim baut noch heute in Fachwerk. Der lang gestreckte, in der Mitte leicht geweitete Markt, zeigt fast geschlossene Fachwerkfronten – neu und alt kaum zu unterscheiden.

Zur Marienkapelle führt Dreikorn die Besucher, im Jahr 1447 anstelle der damals zerstörten jüdischen Synagoge erbaut. Durch die Münzgasse geht der Weg und zum Haus des einstigen Bürgermeisters Peter Heußlein, prachtvoll verziert mit Schnitzwerk und mancherlei lehrsamer Inschrift. Der Bau reicht zurück ins 15. Jahrhundert. Ebenso sein Nachbar mit dem Staffelgiebel – die Münze. Hier haben die Grafen von Wertheim bis zum Jahr 1806 ihr eigenes Geld geprägt.

Vorüber dann am roten Engelbrunnen, Wertheims Wahrzeichen seit 1574, vorbei an der Kilianskapelle aus dem Jahr 1469 und der gotischen Stiftskirche an der Stelle eines älteren romanischen Gotteshauses. Die Stadtrunde kommt zum Historischen Museum. In diesem mittelalterlichen Baukomplex residierte von 1561 an ununterbrochen über mehr als 400 Jahre hin die Verwaltung des heute 25 000 Einwohner starken Main-Tauber-Städtchens. Erst 1988 ist sie ausgezogen, dem Museum Platz machend. Eine doppelläufige Wendeltreppe erschließt das aus mehreren Einzelbauten zusammengefügte Ensemble. Außer der Stadt- und Grafschaftsgeschichte zeigt es Trachten-, Scherenschnitt- und Münzsammlungen.

Wertheims ganzer Stolz aber ist das Otto-Modersohn-Kabinett mit 60 Gemälden des 1865 im westfälischen Soest geborenen und 1943 im niedersächsischen Rotenburg an der Wümme gestorbenen Malers. Die Arbeiten sind während dreier Besuche Modersohns im Fränkischen entstanden. „Mit diesem Schatz", strahlt Ludwig Dreikorn, „besitzt Wertheim eine der größten Modersohn-Sammlungen überhaupt, mindestens so umfangreich wie jene im Dörfchen Worpswede bei Bremen, wo der Maler immerhin 20 Jahre lang gelebt und gearbeitet hat".

Der Weg nach Wertheim:
Anschlussstelle 65 „Marktheidenfeld" oder Anschlussstelle 66 „Wertheim/Lengfurt" der Autobahn Würzburg – Frankfurt oder auf der Staatsstraße 2316 über Schollbrunn und Hasloch.

Weglänge:	Rund 1,5 km
Hinweis:	Stadtführer Ludwig Dreikorn hilft auch weiter mit Führungen im Spessart. Telefon 0 93 42/66 37

Auskunft: Fremdenverkehrsgesellschaft
„Romantisches Wertheim"
Wenzelplatz 2
97877 Wertheim
Telefon 0 93 42/10 66
Telefax 0 93 42/3 82 77
Internet www.tourist-wertheim.de
e-Mail info@tourist-wertheim.de

In Wertheims Altstadtgassen

Ein Teddy-Museum – nichts für Kinder?

„Auf der Welt gibt's mehr Teddy-Bären als Menschen". Der das sagt, kennt sich aus. Wolfgang König nämlich unterhält seit ein paar Jahren gemeinsam mit Ehefrau Renate in Klingenberg am Main ein Teddy-Museum. „Und was kaum einer ahnt", setzt König hinzu, „Teddies zu sammeln, liegt als Steckenpferd nach Briefmarken und Münzen auf Platz 3 der Beliebtheitsskala". In der Tat, wer hätte das gedacht.

In ihrem putzigen kleinen Museum in der Klingenberger Altstadt haben die Teddy-Sammler König gut 8 000 Einzelstücke zusammengetragen. Darunter sind nicht nur die wuscheligen Teddy-Bären. Auch Teddies als Comic-Figuren gehören dazu. Schriften und Bücher über Teddies, Werbung für Teddies, eine Werkstatt mit historischen Werkzeugen zur Anfertigung von Teddies sind im Museum versammelt. Nicht alles, was Königs zusammengetragen haben, wird gezeigt. Auf den grad mal 180 Quadratmetern Ausstellungsfläche bringt das Museum rund 300 Objekte unter. Im halbjährlichen Rhythmus wird die Schau umgebaut.

Mit Ausnahme des Kassen- und Verkaufsraums sind sämtliche Ausstellungsstücke in Vitrinen hinter Glas gut verschlossen. Denn was da vorgestellt wird, ist Sammlergut, nicht Spielzeug. So sind denn auch unter den knapp 25 000 Besuchern, die jährlich ins Teddy-Museum kommen, die Sammler eindeutig in der Überzahl. Die wollen hier nachschauen, was der Sammlermarkt Neues bringt, lassen auch schon mal einen eigenen Teddy begutachten und auf seinen Wert taxieren. Oder sie kommen einfach nur mal vorbei, um zu kaufen. Denn König stellt auch eigene Teddies her.

Kinder sollten wissen, dass sie in dem kleinen Museum im denkmalgeschützten, einstmals bekanntesten Klingenberger Gasthaus, dem „Hirsch", nicht mit Teddies spielen können. Aber nur anschauen macht ja manchmal auch schon Freude. Und der treue Blick so manchen Teddies, der da – mal allein, mal mit Freunden – in seiner Vitrine hockt, rührt den Betrachter tatsächlich an.

Wenn Wolfgang König recht gebeten wird und ein wenig Zeit findet, dann erzählt er seinem Besucher wohl schon mal, wie er eigentlich zum Sammeln gefunden hat. In seiner Berliner Jugendzeit war da ein betagter, teils schon schmuddeliger Teddy, an dem der kleine Wolfgang gehangen hatte. Vor einem der häufigen Familienumzüge wurde der Bär ausgesondert und verbrannt – einfach so. König hatte das Ereignis verwunden – bis er als Erwachsener auf einem Flohmarkt das genaue Ebenbild seines Bären aus Berliner Jugendjahren entdeckte. Das Plüschtier wurde erworben und bildete den Grundstock für die spätere Teddy-Sammlung. Ehefrau Renate, die bis dahin als eine Art Steckenpferd Puppen zusammengetragen hatte, freundete sich mit den Teddies an und verabschiedete sich von den meist ein wenig starrgesichtigen Keramikköpfchen mit den bunten Kleidchen drunter.

Am 2. Juli 1994 haben beide Königs ihr Museum aufgemacht. Nebenher unterhalten sie eine Werkstatt, in der sie Teddies herstellen in allen Größen zwischen 18 und 170 Zentimetern. Sich geschäftlich auf Bären zu verlegen, meint König, sei eine einigermaßen sichere Sache. „Natürlich muss das Plüschtier sich den Modeschwankungen anpassen, aber mit wahrer Bärenruhe wird es alle Probleme von Konjunktur, von Auf- und Abschwung der Wirtschaft aussitzen". Von der Beliebtheit des Teddybären zeugen denn auch manche Sammlerpreise. Den Weltrekord hält augenblicklich mit fast 300 000 Euro ein Bär aus der Zeit um 1914. An zweiter Stelle liegt „Teddy-Girl", der den britischen Colonel Henderson wohlbehalten durch den Ersten wie auch den Zweiten Weltkrieg begleitet hat.

Der Weg zum Teddy-Museum:
Die Plüschtierchen sitzen im Mainstädtchen Klingenberg mitten in der Altstadt. Vor dem Eingang hockt ein steinerner Teddy.

Auskunft:	Teddy-Museum In der Altstadt 7 63911 Klingenberg Telefon 0 93 72/92 11 67
Öffnungszeiten:	dienstags bis sonntags 14.00 – 18.00 Uhr

Familie Bär am Frühstückstisch

Mittelalter auf der Henneburg

Die Henneburg hoch über dem Mainstädtchen Stadtprozelten ganz am südlichen Rand des Spessart gibt auch als Ruine ein imposantes Bild. Nicht nur dies. Innerhalb der starken Mauern ist noch immer viel von dem erhalten, was eine richtige Burg ausmacht. Das äußere und das innere Burgtor künden von der einst starken Festung auf dem Berg. Der Burggraben, über den die Fallbrücke führte, ist vorhanden. Ein unterirdischer Wehrgang, in den gewachsenen Fels gehauen, führt um einen großen Teil der Burg herum und verbindet die einzelnen Türme der Burgmauer untereinander.

Der Bergfried, Hauptturm jeder mittelalterlichen Festung, ist auf der Henneburg gleich zweimal vorhanden. Beide sind ungefähr 25 Meter hoch. Der ältere, ein klein wenig höhere, mag in der Mitte des 12. Jahrhunderts entstanden sein. In einer mittelalterlichen Burg war so ein Bergfried das Zentrum der Verteidigung. Zum Wohnen war er in der Regel nicht hergerichtet. Dem Burgherrn samt seinen Bediensteten bot er bei feindlichen Überfällen den letzten Zufluchtsort. Dem Gegner war der Zugang schwer gemacht. Selbst wenn er den Burghof schon erobert hatte, war der Bergfried kaum zu nehmen. Der Eingang lag nie zu ebener Erde, hatte außen keine feste Treppe, nur eine Leiter, die schnell hochzuziehen war. Hier auf der Henneburg war der Zugang zum Bergfried immerhin acht Meter über dem Burghof.

Beide Burgtürme lassen sich ersteigen. Es genügt eigentlich, sich nur den größeren vorzunehmen. Von ihm reicht der Blick weit hinaus über den drunten ruhig dahinziehenden Main mit Schiffen und Booten drauf und weit darüber hinaus in die Wald- und Hügellandschaft des Madonnenländchens zwischen Odenwald und Bauland. Allerdings müssen vor dem Blick in die Ferne 137 Stufen erklommen werden, die meisten aus Holz. Doch sind 16 Steinstufen darunter, die kaum breiter sind als einen halben Meter. Im Obergeschoss findet sich eine noch recht gut erhaltene mittelalterliche „Toilette". Hier oben lag die Wohnstube des Türmers, der Ausschau halten musste. Er war für die Alarmierung der Burg verantwortlich, falls sich Feind näherte. Er musste aber auch Alarm schlagen, wenn auf der Burg oder in der Umgebung ein Brand ausbrach.

Das Datum des ersten Burgenbaues oberhalb Stadtprozelten ist nicht bekannt. Allerdings diente hier um 1127 ein Timo de Bratselde („von Prozelten" also) als Vogt des Stiftes Aschaffenburg. Dieser Timo, sagt die Burgenforschung, könnte einen Vorläufer der Henneburg errichtet haben. Dann ging die Anlage von Hand zu Hand. Um 1250 saßen dort die Schenken von Schlüpf-Illingenberg. Ihnen folgte bis 1483 der Deutsche Orden, der die Burg wesentlich vergrößerte und den kleineren Bergfried hinzu baute.

Später wurde die Burg wohl kaum mehr genutzt. Bauernkrieg und Dreißigjähriger schadeten ihr nicht. Vermutlich galt sie damals schon nicht mehr als lohnendes Ziel eines Angriffs. Die sich selbst überlassene Festung verfiel. Schon Anfang des 18. Jahrhundert galt sie als Ruine. Ob sie im Pfälzer Erbfolgekrieg 1688 Schaden genommen hat, ist bislang nicht bekannt.

Die Wege zur Henneburg:

1. Ein gut beschilderter Fußweg läuft recht steil hinauf zur Burg und beginnt drunten in Stadtprozelten an der Apotheke.
2. Ein Fahrweg fürs Auto biegt bei der Kirche ab und führt steil den Berg hinauf zu einem kleinen Parkplatz vor der Burgmauer.
3. Ein Fußweg beginnt am Weiler „Hofthiergarten" oberhalb Stadtprozelten, folgt dem Buchstaben „R" zur Burg hinab und führt auf dem selben Weg zurück.

Weglänge: jeweils grob 1 km

Einkehren: Henneburg „Schenke"
                   Telefon 0 93 92/98 73 87

Hinweis:
Der Weiler Hofthiergarten besteht aus vier Höfen, die einst zur Henneburg gehörten und für die Burgherren Ackerbau und Viehzucht betrieben. In der 9. Generation wirtschaftet dort schon die Familie Bachmann. Außer Landwirtschaft führt sie heute die Dorfwirtschaft „Bauernstube" mit einem kleinen Biergarten unter einer Kastanie. Ein paar Zicklein gehören auch dazu. Donnerstags und freitags außer an Feiertagen Ruhetag.

Auskunft: Telefon 0 93 92/73 37

Auskunft: Fremdenverkehrsverband Südspessart
                   Hauptstraße 132
                   97909 Stadtprozelten
                   Telefon 0 93 92/97 60 15
                   Telefax 0 93 92/97 60 18
                   e-Mail tourist@stadtprozelten.de
                   Internet www.stadtprozelten.de

Der Main unterhalb der Henneburg

Frühe Siedler

Der Spessart ist bis heute eine verhältnismäßig dünn besiedelte Landschaft geblieben. Wesentlich aus zwei Gründen. Es ist sehr viel mühsamer und schreckt deshalb manchen Siedler ab, in einem Gebirgszug mit steilen Hängen und tief eingeschnittenen Tälern zu leben und zu wirtschaften, als draußen im flachen Land einem Gewerbe nachzugehen. Darüber hinaus aber hatten die Kurfürsten von Mainz, die einen großen Teil des Spessart besaßen, die Besiedlung des Gebietes jahrhundertelang verhindert. Sie wollten in dem großen Waldgelände lieber Wild halten und es auf großen Festjagden erlegen, als Bauern und Handwerker drin wohnen und arbeiten zu lassen. Um sicher zu sein, dass es stets genügend zu jagen gab, hatten die Mainzer Herren sogar einen Teil des Waldes eingezäunt (siehe Kapitel 14 „Hundsrückkopf").

Dass sich schon in früher Zeit, weit vor den Mainzer Erzbischöfen, Menschen im „Spechtswald" (siehe Kapitel „Der Spessart") niedergelassen hatten, zeigt sich in der Gegend westlich Mönchberg. Dort haben sich Reste einer Gruppe von Hügelgräbern aus der Hallstattzeit zwischen 750 bis 450 vor Christus erhalten. Weitere Grabstätten finden sich in der Nähe des Klosters Engelberg oberhalb Großheubach am Main. Dort liegt auch der „Hunnenstein", eine sonderbare Felsformation, die möglicherweise schon vor mehr als zweieinhalbtausend Jahren als Opferplatz genutzt wurde (siehe Kapitel 3 „Großheubach").
Eine kurze Rundwanderung von grad mal gut vier Kilometern führt zu den Hügelgräbern am „Geiersberg" beim Dorf Mönchberg. Vom Wanderparkplatz „Eselsweg" (siehe Kapitel 42 „Wachhütte") her weist das Wegzeichen „Grünes Eichblatt" den richtigen Weg. Zunächst mal wird die Kreisstraße 2, die von Klingenberg über Mönchberg nach Reistenhausen führt, überquert. Drüben geht es auf einem für den öffentlichen Verkehr gesperrten Asphaltsträßchen – vorerst noch ohne das Eichenblatt – ins Waldgelände am Nordhang des Geiersbergs hinein. Der Wanderer kann sich fürs erste nach dem Zeichen „E" für Eselsweg richten.
Nach 600 Metern biegt in einer leichten Rechtskurve der Straße links der „Weinweg" ab, dem die Wanderung folgt. Eine Ruhebank steht dort. Der Waldweg mündet nach einem halben Kilometer in einen Schotterweg. Dort nun rechts weiter mit immer neuen schönen Ausblicken auf die östlich gelegenen dicht bewaldeten Spessarthöhen. Für gute 900 Meter läuft der Weg hier ganz entspannend fast eben stets am Hang entlang. Dann folgt eine Wegkreuzung, an der das grüne Eichblatt rechts leicht bergan weiterführt.

Gleich darauf trifft der Wanderer auf eine große Kreuzung, an der eine ganze Reihe von Wanderwegen zusammentreffen. Ein steinernes Kruzifix mit der Jahreszahl 1782 steht am Weg. Die Wanderung zu den Hügelgräbern führt rechts weiter, wie das „E" und nun auch wieder das grüne Eichblatt es zeigen. Nur 200 Meter weiter weist ein Schild „Hügelgräber" nach links in den Wald hinein. Die vorgeschichtlichen Grabanlagen sind nun gleich erreicht. Am Baum beim Grab Nummer 2 beschreibt eine Tafel knapp zusammengefasst, was hier im Wald zu sehen ist.

Die Wanderung führt zum Weg zurück und trifft nach einem halben Kilometer auf eine eingezäunte Sendeanlage. Die ist vor Zeiten für Radarzwecke genutzt worden. Der freistehende Mast dient heute nur noch dem Mobilfunk als Antennenträger. Weiter nun rechts am Zaun entlang und immer auf dem Asphaltweg sacht bergab, bis nach 1,3 Kilometern der Ausgangspunkt am Parkplatz wiedergefunden ist. Dort lohnt sich noch ein Blick auf den Erinnerungsstein, der die vom Orkan Wiebke im März 1990 angerichteten Waldschäden beschreibt.

Der Weg zum Parkplatz Eselsweg:
Der Parkplatz liegt 1,5 Kilometer östlich der Ortschaft Mönchberg an der Kreisstraße 2 von Reistenhausen nach Klingenberg.

Weglänge:	4 km, obwohl die Wanderwegetafel am Parkplatz 6 km angibt
Auskunft:	Fremdenverkehrsamt Touristinformation Hauptstraße 42 63933 Mönchberg Telefon 0 93 74/70 00 Telefax 0 93 74/76 40 e-Mail touristinfo@moenchberg.de Internet www.moenchberg.de
Einkehren:	in Mönchberg

Wegweiser am Eselsweg

8 Die Hammerschmiede im Haslochtal

Der Bär ist los

Bis zur Weißglut treibt's Armin Hock. Lässt den „Bär" aufs glühende Eisen fallen, dass es kracht. Stahl verformt sich, als sei es weicher Ton. Breit wird er oder vierkantig, grad wie Hock es will. Sogar eine eiserne Kugel entsteht, wenn Hock sie braucht.

Der Hammerschmiedemeister Armin Hock ist einer der letzten seiner Zunft. Im Tal des Haslochbachs, gelegentlich Haselbach genannt, schmiedet er Klöppel für Kirchenglocken. Vier Stück im Durchschnitt täglich. Zwischen 100 Gramm und 150 Kilogramm schwer, die längsten Klöppel bis 180 Zentimeter. Um 2 000 Euro kostet solch ein gutes schmiedeeisernes Stück, das in der Kirchenglocke schwingt, den Ton angibt, die Stunde schlägt, als Totenglöcklein läutet.

Im engen Tal des Haslochbach, wenig nördlich des Maindorfs Hasloch, steht die letzte Hammerschmiede im Spessart – seit nun schon 222 Jahren (siehe Kapitel „Der Spessart"). Sie hat jeden wirtschaftlichen Wandel im Wald überstanden und ernährt noch heute ihren Pächter. Hock schmiedet nicht nur. Er erklärt dem Besucher auch, was er da macht und wie er das macht. Und alles macht er so, wie dies am Tag der Schmiedeöffnung am 24. März 1779 schon seine frühen Vorgänger gemacht haben.

Hock kommt wie die Schmiede in früher Zeit ganz ohne elektrischen Strom aus. Die Energie, die seine Hämmer brauchen, holt er aus dem Wasser des Haslochbach. Das setzt zuerst den riesigen Blasebalg in Gang, der für kräftigen Wind in der Esse sorgt. Nach kurzer Zeit glüht die Kohle dort. Hock legt sein Eisen in die reine Hitze, bis es weißglühend scheint und so weich, dass es sich bearbeiten lässt.

Mit einer Eisenstange zieht der Schmied dann die „Falle". Ein Schieber öffnet sich. Wasser aus dem eigens dazu vom Haslochbach hergeführten Graben stürzt draußen neben der Schmiede schäumend aufs Wasserrad. Das setzt sich ächzend in Bewegung. Damit zugleich beginnt der mächtige eichene Wellbaum sich zu drehen, auf dem das Wasserrad sitzt. Diese Welle ragt in die Schmiede hinein. Dort steckt auf ihrem andern Ende ein eiserner Ring mit angegossenen Nocken. Auf diesen wiederum hocken die „Frösche", hölzerne Klötzchen. Die heben, wenn der Wellbaum sich mit ihnen dreht, den daneben stehenden Hammer. Oben lassen sie ihn frei. Der „Bär" ist los und fährt mit seinem Eigengewicht von 170 Kilogramm krachend aufs glühende Eisen hinunter.

In Hocks Schmiede steht noch ein zweites, mit 135 Kilogramm etwas leichteres Werkzeug. Dieser „Schwanzhammer" fährt wie eine Wippe nach oben, wenn sein hinteres Ende von den Wellbaumnocken nach unten gedrückt wird. Er schlägt sehr viel schneller zu als der „Aufwerferhammer", weil im Wechsel 15 Nocken auf ihn wirken. Mit diesem schnell arbeitenden Werkzeug sind einst am Haslochbach vor allem Pflugscharen gehämmert worden, mehr als 40 000 Stück im Jahr. Die werden heute in dem großen modernen Eisenwerk Kurtz nebenan gefertigt.

Hock hämmert ausschließlich Klöppel. Die werden in alle Welt versandt. Der Bedarf sei groß, erzählt der Schmied. Denn Klöppel nutzen sich verhältnismäßig schnell ab, gehen auch mal zu Bruch. Sie müssen schwächer sein als das Glockenmaterial, das sie anschlagen. Wäre es anders, drohte die gegossene Glocke entzwei zu gehen. Der Schaden wäre wesentlich größer, als immer mal wieder einen neuen Klöppel zu besorgen.

Der Weg zur Eisenhammerschmiede:
Etwa auf halbem Weg zwischen Schollbrunn im südöstlichen Spessart und Hasloch am Main liegt der Eisenhammer im Tal des Haslochbachs an der Staatsstraße 2316. Wenig bachaufwärts ist der zugehörige Parkplatz. Von dort führen gut 200 Meter Fußweg zur Schmiede.

Schmiedezeiten:	montags bis donnerstags 9.00 – 16.00 Uhr und nach Vereinbarung sonntags geschlossen
Auskunft:	Armin Hock Dornrosenstraße 18 97906 Faulbach am Main Telefon und Telefax 0 93 92/18 52
Einkehren:	Dorfgasthäuser in Schollbrunn und Hasloch

Hinweis:
Ein aufgeweckter Besucher der Hammerschmiede hat erkannt, dass Friedrich Schiller in seinem großen Dichtwerk „Das Lied von der Glocke" zwar viel übers Läuten zur Feier und zur Trauer, zu Sturm und Not, zu Trost und Hilfe geschrieben, dass er aber den dazu nötigen Klöppel nicht bedacht hat. Dies Versäumnis hat der Zeitgenosse gutgemacht mit seinem „Lied vom Klöppel", nicht ganz so perfekt wie Schillers Verse, aber immerhin mit den richtigen Fakten.

Schmiedemeister Armin Hock mag's heiß

Stille Wege am Kropfbach

Eine fröhliche Jagdgesellschaft war da im Kropfbachtal unterwegs. Ein einziger Schuss beendete abrupt den Jagdausflug und machte alle Freude zunichte. Elisabeth von Wertheim hatte versehentlich den Grafen Gottfried von Hohenlohe erschossen – den eigenen Ehemann. Zur Sühne für das unglückliche Geschehen gründete die Wertheimerin im unteren Kropfbachtal das „Kloster Neuzell", lateinisch Nova cella. Das war im Jahr 1328.

Vieles hat sich über die Jahrhunderte im und rund ums Kloster ereignet. Der Bauernkrieg zog drüber hin und richtete Schaden an, auch der Dreißigjährige Krieg. Die Abtei wurde zerstört und wieder aufgebaut, wurde aufgelöst und in ein adliges Landgut verwandelt, schließlich aufgegeben. Heute ist in der einstigen „Kartause Grünau" ein Gasthaus eingerichtet in einer sehr stillen Landschaft. Der Kropfbach fließt vorüber, gelegentlich auch Klosterbach genannt, füllt ein paar Fischteiche mit Wasser. Als dies im 18. Jahrhundert noch ein Kartäuserkloster war, hat wohl sein Vorsteher, der Prior, wie die Leute so vermuten hier, dem Spessart-Wilddieb Johann Adam Hasenstab (siehe Kapitel „Johann Adam Hasenstab") gelegentlich ein Reh oder einen Hirsch abgekauft – vielleicht mit ein wenig schlechtem Gewissen.

Eine kurze Wanderung das Kropfbachtal rauf und runter beginnt am Parkplatz bei der Kartause Grünau, dem einstigen Kloster Neuzell. Nach der Schranke führt der Weg rechts am See vorbei aufwärts. Nach 400 Metern folgt nah einem Hochsitz eine Weggabel. Dort läuft die Wanderung links zunächst kurz hinunter, gleich darauf wieder bergan. So geht das noch ein paar mal, leicht abwärts, etwas eben, wieder hinauf. Alles in allem braucht der Wanderer 1 100 Meter, ehe er schließlich unter einer Hochspannungsleitung den höchsten Punkt des Rundgangs erreicht hat.

Auf eine Art geschotterte Wendeplatte trifft der Weg nach weiteren 400 Metern. Die Wanderung führt gradaus drüber hinweg, dann aber nach nur 50 Metern gleich links auf einem Sandweg hinunter in den Bachgrund – ein herrlicher Platz für kleine Wasserspiele im Kropf- oder Klosterbach. Auf der anderen Seite läuft der Schotterweg links abwärts und zurück zur Kartause.

Die Wanderer bleiben für knapp zwei Kilometer auf diesem Weg. Dann treffen sie auf zwei auffällige Markierungspfosten für eine unterirdische Erdgasleitung. Bei diesen links hinunter und nach weiteren 400 Metern über die Brücke und am See entlang wieder zur Kartause.

Der Weg zur Kartause Grünau:
Etwa auf halbem Weg zwischen Schollbrunn im südöstlichen
Spessart und Hasloch am Main zweigt im Tal des Haslochbachs
von der Staatsstraße 2316 der Weg zur Kartause ab. Ein Wegweiser zeigt die Richtung.

Weglänge:	3,7 km
Auskunft:	Gemeindeverwaltung Schollbrunn
	Zur Kartause 1
	97852 Schollbrunn
	Telefon 0 93 94/22 45
Einkehren:	Kartause Grünau
	97852 Schollbrunn
	Telefon 0 93 94/4 62
	montags Ruhetag

Hinweis:
Es muss nicht unbedingt gewandert werden im Kropfbachtal.
Am See bei der Kartause kann der Gast auch einfach nur ausru-
hen, im Gras liegen, ins Wasser gucken. Zum Gasthaus gehört ein
kleiner Tiergarten mit ein paar Ziegen, Hühnern und anderem
Hausgetier.

Ein Wildpark liegt westlich des Dörfchens Schollbrunn am Waldrand. Der Eintritt ist frei. Futter gibt's am Automaten. Zum
Wildpark gehört ein großer Spielplatz mit Schaukeln, Wippen,
Tischen, Bänken, einer Rollenhängebahn und mancherlei Spiel-
gerät mehr.

Gewagter Abstieg an der Kartause Grünau

Verloren im Wald

Am Eingang zum „Mühlental", etwa auf halbem Weg zwischen Hasloch am Main und Schollbrunn im südlichen Spessart, steht die Ruine der „Markuskapelle". Viel ist nicht bekannt über das einstige Kirchlein. Sicher ist aber wohl, dass eine erste Kapelle dort im Jahr 1216 errichtet wurde. Die ist im Verlauf des Bauernkriegs 1525 zerstört worden. Der Neubau, wohl in der Mitte des 16. Jahrhunderts entstanden, ging im Dreißigjährigen Krieg unter. Eine Urkunde vom Jahr 1630 berichtet, dass die Kapelle, zu der einst eine bedeutende Wallfahrt führte, nun als Viehstall genutzt werde.

Das erste Kirchlein von 1216 soll, so erzählt es die Sage, der Wertheimer Graf Johann I. mit dem Barte gebaut haben als Dank dafür, dass er glücklich aus dem Spessart heimgefunden hatte. Auf der Jagd nämlich war er einem weißen Hirsch tief hinein ins Waldgebirge nachgehetzt. Das Wild hatte er zwar nicht erlegt, sich selbst dagegen, wie er am Abend feststellte, total im Wald verirrt. Nun bereute er, dass er an einem Sonntag zur Jagd ausgeritten war, einem Tag, der nicht vom Büchsenknall entweiht werden sollte. In diesem Moment der Reue vernahm der Graf ganz leise einen feinen Glockenklang. Er sprang auf, ritt immerzu dem Glockenton hinterher und fand bald heim. Die Kapelle ließ der Graf Johann an der Stelle bauen, an der er den ersten fernen Klang gehört hatte.

Gegenüber der Kapellenruine zeigt ein auffälliger Wegweiser zu den Mühlen im Tal des Haslochbach und im Seitental des Schleifbach (siehe Kapitel 15 „Mühlental"). Gut 1 000 Meter nur sind's auf der Straße zur ersten Mühle, der „Nickelsmühle". Der Gebäudekomplex aus Fachwerk, Sandstein und verputztem Mauerwerk gruppiert sich um einen zum nahen Wald hin offenen Innenhof. Die einstige Säge- und Getreidemühle, die heute eine Gaststätte ist, wurde wohl im 16. Jahrhundert erbaut. Ihren Namen hat sie bis heute vom ersten Müller Nickel. Hinterm Haus und nah an der Hasloch liegt ein kleiner Spielplatz auf einer terrassenförmig angelegten Wiese. Schaukeln sind da, auch Bänke für die Eltern. Der Bach fließt zwar hinter einem kleinen Stacheldrahtzaun. Doch da können Eltern helfen. Die Wirtin hat nichts dagegen, wenn am Bach gespielt wird.

Ein kleiner Wanderweg, recht lückenhaft mit dem „Blauen Schmetterling" markiert, beginnt im Hof. Er läuft zum Waldrand und dort sogleich hinter der Wiese am Zaun entlang ziemlich bergan. Zügiges Gehen lässt die Wanderer hier kräftig schnaufen. Nach einem Kilometer, immerzu hinauf, biegt der blaue Schmetterling nach links ab. Gleich darauf folgt ein Brücklein, das über ein hier noch namenloses Bächlein führt. Wiese, Brücke und ein Grasweg folgen aufeinander und gehen drüben am Waldrand in einen Schotterweg über.

Dort führt der weitere Weg sogleich links und von nun an ständig nur bergab. Eine Weggabel folgt nach 600 Metern, an der es schräg links hinunter geht. Gut 200 Meter weiter nach einer starken Linksbiegung auf einem Dammweg mündet die Strecke in ein Wegekreuz. Hier erneut schräg links und weiterhin bergab. Bald ist nun unten wieder die feste Straße erreicht, die links zur Nickelsmühle hinüberführt. Das Brücklein, das gleich darauf den Haslochbach überquert, ist die „Holländerbrücke". Ihr Name erinnert daran, dass früher Spessartholz, vor allem Eichen, nach Holland verkauft wurde. Zu langen Flößen zusammengebunden trieben die Stämme den Main und den Rhein hinunter ins Holländische hinüber. Die Spessarteiche galt als die zum Schiffbau am besten geeignete Holzart.

Der Weg zur Nickelsmühle: [i]
Die Markuskapelle liegt an der Staatsstraße 2316 zwischen Schollbrunn und Hasloch am Abzweig der Kreisstraße 31 nach Michelrieth. Nah der Kapelle zeigen Wegweiser die Richtung ins Mühlental.

Weglänge:	3 km
Einkehren:	Gasthaus Nickelsmühle
	97852 Schollbrunn
	montags Ruhetag, dienstags nach Voranmeldung
	Telefon 0 93 94/84 22
	Gasthaus „Schreckemühle", Wegweiser bald nach Passieren der Nickelsmühle
	sonntags von 11.00 bis 19.00 Uhr geöffnet
	Telefon 0 93 94/22 48

Hinweis:
Der Wilddieb Johann Adam Hasenstab hat sich oft im Tal des Haslochbach aufgehalten. In den Mühlen fand er Unterschlupf und Schutz, wenn ihm wieder einmal die Jäger auf der Spur waren. An der Markuskapelle am Eingang zum Mühlental sollen sie ihn umstellt haben. Hasenstab verwandelte sich, erzählen die Leute, in einen Baumstamm. Auf dem nahmen die Jäger Platz und schimpften auf den Wilddieb. Einer klopfte seine Pfeife auf Hasenstabs kräftiger Nase aus, was den sehr geschmerzt haben soll. Die Wahrheit wird sein, dass Hasenstab sich vor den Jägern auf eine dicht belaubte Buche geflüchtet hatte, die wohl grad neben dem auf der Erde liegenden Baumstamm wuchs. Von dort oben hörte er jedes Wort mit und wusste von den weiteren Plänen seiner Verfolger.

Wasser genug im Spessart

Typisch im Spessart: Waldhufendörfer

Mit dem Faulbach im südlichen Spessart ist nicht eigentlich viel Staat zu machen. Das Flüsschen, das nördlich Altenbuch am unteren Hang des „Dachsbuckel" entspringt, erreicht nicht mal eine Länge von zehn Kilometern. Grad erst hat es Altenbuch, dann Breitenbrunn hinter sich gelassen, da endet es auch schon beim Dorf Faulbach im Main. Zuvor aber hat es doch noch ein zauberhaft schönes Tal in die Landschaft gelegt. Vom Parkplatz am Breitenbrunner Sportheim her lässt es sich kreuz und quer erwandern.

Der folgende kurze Spaziergang beginnt nun allerdings nicht in Breitenbrunn sondern gleich am Ortsrand von Altenbuch. Dort findet sich auch leicht ein Stellplatz fürs Auto. Den Besucher führt die Tour aus dem Faulbachgrund hinaus und das Tälchen zwischen „Eichhöhe" und „Tannenkopf" hinauf. Besonderheiten liegen nicht am Weg. Doch eignet sich Altenbuch recht gut, ein wenig in Spessartvergangenheit zu schauen. Das heutige Dorf bestand noch bis 1938 aus den beiden selbständigen Orten „Oberaltenbuch" und „Unteraltenbuch". Gegründet wurden beide wohl im 12. Jahrhundert – Oberaltenbuch von den Herren zu Rieneck, Unteraltenbuch vom Erzbistum Mainz. Beide Herrschaften lagen seit je im Streit um ihre Besitzanteile am Spessart. Als nun hier im Faulbachtal die eine Seite ein Dorf gründete, schob die andere in der Nachbarschaft gleich ein weiteres nach. Ähnliches passierte an anderen Stellen im Waldgebirge.

Beide Ortsgründungen waren, wie meist in den Spessarttälern üblich, als „Waldhufendörfer" angelegt. Beiderseits der Landstraße wurden die Bauernhöfe errichtet – neun in Oberaltenbuch von den Rieneckern und 25 von Mainz in Unteraltenbuch. Die zu den Höfen gehörenden Grundstücke schlossen als 15 bis 20 Hektar große, lang gestreckte Felder unmittelbar rückwärts an die Wohngebäude an und wurden „Hufen" genannt. Sie sind heute in der neu geordneten, meist flurbereinigten Landschaft kaum mehr zu erkennen. Altenbuch hat sich zu einer typischen Wohngemeinde im Spessart entwickelt mit heute rund 1 400 Einwohnern.

Die kleine Wanderung beginnt kurz vor dem Ortsende Altenbuchs Richtung Breitenbrunn. Dort führt sie in nördlicher Richtung in erst in die „Sandhofstraße", dann in die „Waldstraße" und dort zwischen den Hausnummern 2 und 4 hindurch auf dem für den Verkehr gesperrten Asphaltsträßchen recht steil bergan. Bald kommt der Wanderer an einer Pferdekoppel vorüber. Der Asphalt endet, ein Schotterweg beginnt. Es geht mal mehr mal weniger stark bergan, aber nicht mehr anstrengend.

Nach 1 200 Metern schwenkt der Weg in einer ausgedehnten Biegung um 180 Grad wieder auf den Ort Altenbuch zurück. Nun geht's immerzu leicht abwärts. Nach einem Kilometer ist das Dorf wieder erreicht und gleich darauf auch der Ausgangspunkt der kleinen Runde.

Der Weg nach Altenbuch:

Das Dorf liegt fünf Kilometer nördlich des Mainstädtchens Stadtprozelten, mit dem es in einer Verwaltungsgemeinschaft verbunden ist.

Weglänge:	2,2 km
Auskunft:	Fremdenverkehrsamt Südspessart
	Hauptstraße 132
	97909 Stadtprozelten
	Telefon 0 93 92/97 6015, Telefax 18
	e-Mail tourist@stadtprozelten.de
	Internet www.stadtprozelten.de

Unverhoffte Begegnung bei Altenbuch

Kein Robin Hood im Wald

„Erinnert euch an die Geschichte von jenen Leuten, die in diesem Wald auf einmal spurlos verschwunden sind. Mehrere davon hatten vorher gesagt, sie würden in diesem Wirtshaus übernachten, und als man nach zwei oder drei Wochen nichts von ihnen vernahm, ihren Weg nachforschte und auch hier im Wirtshaus nachfragte, da soll nun keiner gesehen worden sein; verdächtig ist es doch."

Der Student, der in Wilhelm Hauffs Erzählung „Das Wirtshaus im Spessart" (siehe Kapitel „Das Wirtshaus im Spessart") von solch schlimmen Zuständen im Wald berichtet, hatte so unrecht nicht. Tatsächlich ist wohl zu allen Zeiten undurchsichtiges Volk in den Tälern und dunklen Wäldern zwischen Main, Sinn und Kinzig umhergezogen. Vor allem aber um die Wende vom 18. zum 19. Jahrhundert, in den damals politisch unsicheren Verhältnissen, gefördert von der deutschen Kleinstaaterei, trieb manche Räuberbande im Land ihr Unwesen. Nicht nur im Spessart – auch im Hunsrück, wo der Schinderhannes unterwegs war, in Württemberg, wo der Schwarze Veri und andere Gaunerbanden zuschlugen.

Einer, der sich auskennt unter den Spessarträubern, ist Herbert Bald, Historiker und Leiter des „Spessart Museums" in Lohr am Main. Eine kleine Abteilung mit Postkutsche und Reisenden ist den „Erzgaunern" gewidmet, mit inszeniertem Überfall und Gefängniszelle. Und gelegentlich schleicht Reinhold Scherg mit finsterem Blick durchs Haus, die Pistole im Anschlag, den Räuberhut tief ins Gesicht gezogen. Der Museumsangestellte reist für den Landkreis Main-Spessart als Raubgeselle zu Touristikmessen, hält Vorträge zur Räubergeschichte – alles zur höheren Ehre des Landkreises und für die Werbung.

„Ursache fürs vermehrte Auftreten der Räuberbanden am Ende des 18. und Beginn des 19. Jahrhunderts," sagt Museumsleiter Herbert Bald, „waren vor allem die politischen und gesellschaftlichen Instabilitäten der Zeit". Hinzu kam die territoriale Zersplitterung des Landes. Allein der Spessart und seine Dörfer waren im Jahr 1792 auf 15 verschiedene Obrigkeiten verteilt. Für die Gauner und Spitzbuben ein leichtes, sich von der einen Herrschaft zur andern zu retten. „Die Beruhigung der kriminellen Lage", sagt Bald, „trat ab etwa 1814 ein, als das Gendarmeriewesen ausgebaut wurde". Vor allem die zunehmende Verstädterung im Land trug zur Änderung der Verhältnisse bei. Die Kriminalität wanderte vom flachen Land fort in die Ballungsgebiete. „Die ländliche Kriminalität hat sich dann sehr bald gelegt".

Herbert Bald hat ermittelt, dass es in der Regel keine fest gefügten Räuberbanden waren, die den Spessart heimsuchten. Die bildeten sich immer nur von Fall zu Fall. Raubgesellen, die sich als Anführer durchgesetzt und einen Namen gemacht hatten, trommelten bestimmte Leute immer nur dann zusammen, wenn ein Überfall anstand. In diesen meist kurzfristig und für nur wenige Tage aufgestellten Trupps waren auch kaum Einheimische aus den Spessartdörfern selbst zu finden. Die wären wohl bald aufgefallen und gefasst worden.

„Man muss sich vorstellen, dass früher ein Zehntel der Bevölkerung unstet auf den Straßen unterwegs war als Bettler, Vaganten, Hausierer". Von diesen rutschte ein kleiner Teil in die Kriminalität ab. „Dort kannte man sich in der Szene, wusste, wer für was zu gebrauchen war". So verschieden die Ziele der Überfälle, so unterschiedlich setzte sich die Bande zusammen. Der Raub einer Postkutsche verlangte ein anderes Vorgehen als der Überfall auf ein Wirtshaus oder das Eindringen in ein Gehöft. „Fachleute" wurden für solche Dinge benötigt. Es sprach sich herum, wer für was geeignet war. Innerhalb der Szene bestand gar eine Art Leistungsgesellschaft mit „Aufstiegsmöglichkeit", aber auch der Gefahr zu scheitern und ausgestoßen zu werden. Freiwillig und aus eigenem Entschluss „auszusteigen", um fortan ein gutbürgerliches Leben zu führen, war kaum möglich. Solchen blieb eigentlich nur, eine Kneipe aufzumachen als weitere Anlaufstelle für die Gauner.

Zu einiger „Berühmtheit" sind nur wenige Räuber gelangt. Unter ihnen Johann Adam Heußner, Sohn eines Tagelöhners und Hirten, der beim Schinderhannes „gelernt" hatte. Zu „kleinen Diebereyen", vermerkt das spätere Verhörprotokoll, habe ihn sein Onkel, der „Erzgauner" Johann Adam Grasmann, verleitet. Peter Eichler, Johann Klemm, Itzig Muck, Johann Adam Frank, genannt der „tolle Hannadam", sind weitere Namen, die einst im Spessart Angst und Schrecken auslösten. Kein Robin Hood war unter ihnen, wie gelegentlich verbreitet wird. Sie nahmen nicht den Reichen, um den Armen zu geben. Mit Wohltaten hatten sie nichts im Sinn. Sie dachten nur an sich und ihren Vorteil (siehe Kapitel 17 „Rohrbrunn").

Spessart Museum
Schlossplatz 1, 97816 Lohr am Main

Öffnungszeiten:	dienstags bis samstags 10.00 – 16.00 Uhr
	sonn- und feiertags 10.00 – 17.00 Uhr
Auskunft:	Spessart Museum
	Telefon 0 93 52/20 61
	Telefax 0 93 52/14 09
Einkehren:	Gasthäuser, Biergärten, Cafés, Hotels in Lohr

Räuber, Räuberbraut und Nachwuchs

Des Schäfers Traum

Burg Wildenstein ist nur noch Ruine. Erbaut haben die eher kleine Festung wohl in den Jahren zwischen 1230 und 1250 die Grafen von Rieneck (siehe Kapitel 37 „Rieneck"), die im Spessart über weitläufigen Grundbesitz verfügten. Weil sie ein unruhiges Geschlecht waren, lagen sie in ständigen Händeln mit dem anderen Grundherrn im Spessart, dem Kurfürstentum Mainz. Um den Wildenstein, auch seine Umgebung bis hin zum heutigen Markt Eschau, haben beide Parteien vor allem im 13. Jahrhundert manchen Streit ausgefochten.

Die Rienecker wollten mit ihrer Burg Wildenstein ihr Territorium sichern. Die Mainzer Erzbischöfe auf dem Kurfürstenthron witterten in dieser Baumaßnahme, wie bei anderen Burgen der Rienecker Grafen auch, unerwünschte Expansion zu Lasten des eigenen Besitzstandes. Deshalb ließ Mainz im Jahr 1260 den Wildenstein belagern, schließlich erobern und besetzen. Friedensverträge wurden geschlossen und nicht eingehalten. Der Streit zog sich hin. Erst nach Jahrzehnten kehrte Ruhe ein. Die Grafen von Rieneck fügten sich und machten ihren Frieden mit den Mainzer Kurfürsten.

Am 3. September 1559 starb Graf Philipp III. von Rieneck. Er war der letzte seines Geschlechts. Burg Wildenstein fiel als Erbe an die Kurpfalz, wurde Sitz eines Amtmanns zur Verwaltung der umliegenden Ländereien. Ab etwa 1600 stand das ganze alte Gemäuer leer und verfiel, gelegentlich von Schafhirten als Unterschlupf genutzt. Einen gewaltigen Schrecken erlebte eines Nachts ein solcher Schäfer, der sich in der Ruine zum Schlaf niedergelegt hatte. Gegen Mitternacht wanderte eine weißgekleidete Frau mit schwarzem Schleier durchs öde Mauerwerk. Sie sei eine verwünschte Dame aus der Burg, verriet sie dem Schäfer, und müsse nachts in den Ruinen umgehen. Der Hirt könne sie erlösen, wenn er in der nächsten Nacht wiederkomme.

Der gute Mann tat, wie es die weiße Frau erbeten hatte. Doch um Mitternacht jagte ihm erneut der Schreck durch die Glieder. Nicht die verwünschte Dame war's, die da vors Burgtor trat. Eine große Schlange kam auf die Zugbrücke und fuhr auf den Schäfer los. Der vergaß seine Herde und sein Versprechen und stürmte in panischer Angst davon ins Tal hinunter. Die Schlange verwandelte sich, ohne dass es der Schafhirt noch erlebte, zurück in die weiße Frau, und die klagte nun voller Schmerz: „Jetzt dauert's wieder hundert Jahre, bis ich erlöst werden kann". Dabei hätte der Schäfer gar nicht fliehen müssen. Die weiße Frau hatte ihm in der Nacht zuvor versichert, die Schlange werde ihm kein Leid antun.

Niemand, der Burg Wildenstein (siehe Kapitel 13 „Wildensee") heute besucht, muss mehr auf die weiße Frau warten oder sich gar vor der großen Schlange fürchten. Die Wildensteinruinen ruhen feierlich und einsam in großer Stille auf ihrer Höhe im dichten Buchenwald. Ihnen zu Füßen liegt ein Weiler mit demselben Namen. Die Brücke über den Schlossgraben, auf der die Schlange den Schäfer so erschreckte, steht noch immer. Auch das doppelt gesicherte Burgtor ist da, viel Mauerwerk noch aus Buckelquadern, dazu ein guter Teil des einst mächtigen Turms. Unterhalb der Ruinen liegt ein großer freier Platz mit schönem Ausblick. Tisch und Bänke sind ebenfalls da.

Vom Parkplatz am Eschauer Schützenhaus führt das Wegzeichen „Hirschgeweih" auf einer Rundwanderung zur Ruine Wildenstein und zurück.

Der Weg zum Schützenhaus:
Aus der Ortsmitte von Eschau auf der „Wildensteiner Straße" zum ausgeschilderten Parkplatz auf der rechten Straßenseite.

Weglänge:	6,5 km
Auskunft:	Tourist Information Eschau
	Elsavastraße 22 – 24
	63863 Eschau
	Telefon 0 93 74/9 99-17, Telefax -18
	e-Mail raab-reisen@t-online-de
	Internet www.burgfreunde-wildenstein.de
Einkehren:	Gasthäuser in Eschau, im Weiler Wildenstein Gaststätte „Waldesruh", ohne Ruhetag, Telefon 0 93 74/6 28

Wo die Weiße Frau umging

Die Quelle im Schornstein

Nichts mehr ist zu finden von dem Schloss, das einst am „Künigenberg" im „Wildenseer Grund" gestanden haben soll. Untergegangen sei es schon vor Zeiten, erzählt die Sage, mit Mann und Maus und Wagen, mit Kind und Kegel. Ein Spross aus dem Grafengeschlecht der Münzenberger soll es einst bewohnt haben. Dessen Vater, der auf Burg Wildenstein (siehe Kapitel 12 „Ruine Wildenstein") gelebt habe, sei mit Rauben und Stehlen, mit Gewalt und Unterdrückung zu Reichtum gekommen. Seinem ältesten Sohn habe er mit diesem aus Unrecht erworbenen Besitz das Schloss nach Wildensee gebaut. Doch es sollte seinem Bewohner wenig Glück bringen.

Eines Nachts, als der Münzenberger auf Burg Wildenstein in seiner Stube saß, kam dort ein Rabe geflogen, erzählen die Leute. Der schlug mit dem Schnabel wild ans Fenster, so dass der große schwarze Hund des Burgherrn aufwachte und kläglich zu heulen anfing. Dann tat's einen kräftigen Schlag. Das ganze große Haus erbebte. Der Burgherr klammerte sich im Stuhl fest. Am nächsten Morgen kam von Wildensee die Nachricht, das dortige Schloss sei versunken mit allem, was drin war, just zu jener Stunde, da der Wildenstein von dem Raben erschüttert wurde. Vom Wildenseer Schloss rage nur noch der Schornstein aus dem Boden, wurde berichtet, und aus dem komme nun der Schlossbrunnen geflossen. Wenig später ging auch das zweite Schloss unter, das der Wildensteiner Burgherr dem jüngeren Sohn mit der Beute aus seinen Raubzügen gebaut hatte.

Im Dorf Wildensee, heute Ortsteil von Eschau, hat der Aubach seine Quelle. Ob er jenes Wasser ist, das nach dem Untergang des Schlosses aus dem Wildenseer Schornstein floss, weiß niemand so genau. Ein schöner Freizeitplatz liegt an dem kleinen See, aus dem der Aubach heute kommt. Dazu gehören eine große Festhütte, zwei zeltartige hölzerne Unterstände, eine Grillhütte, zahlreiche Tische und Bänke. Auch ein Spielplatz ist eingerichtet mit einem kleinen Karussell, mit Schaukel, Rutsche, Wippen. Und ein Wassertretbecken gibt's. Alles in allem ein guter Platz für einen Halbtagesaufenthalt – nah am Ort und direkt am Wald.

Zudem könnte der Parkplatz an dem eingezäunten, nicht zugänglichen See Ausgangspunkt einer kleinen Rundwanderung ums Dorf Wildensee herum sein. Auf der vorüberführenden Straße läuft der Weg rechts hinauf und erst mal in den Wildenseer Ortsteil „Michelrain" hinein. Schon nach 200 Metern ist das Ortsende erreicht. In einer starken Linkskurve führt die Asphaltstraße einigermaßen kräftig bergan. Eine weitere Wegbiegung folgt nach 300 Metern. Noch immer geht's bergauf, wenn auch weniger anstrengend als zuvor.

Bald tritt das Asphaltsträßchen in ein Waldstück, das es nach 300 Metern bereits wieder verlässt. Nun ist auch gleich der höchste Punkt der ganzen Runde geschafft. Der Blick geht hinunter aufs Dorf und drüber hinaus auf die bewaldeten Hänge von „Hundsrückkopf" (siehe Kapitel 14 „Hundsrückkopf") und „Müßhöhe". Der Rundweg läuft ständig am Hang zwischen Wiesen und Weiden hin, führt nun ganz allmählich bergab. Gut anderthalb Kilometer nach seinem Austritt aus dem Wald beschreibt der Weg eine starke Linksbiegung und steigt jetzt direkt ins Dorf hinunter. Dort mündet er als „Rottelsweg" in die „Hauptstraße". Auf dieser nun links und nach 500 Metern zum Spielplatz zurück. Unterwegs wird am Friedhof eine Bushaltestelle passiert, an der eine Wanderwegetafel steht. Auf ihr ist die soeben beendete Wanderung als „Kleiner Rundweg" eingetragen.

Der Weg zur Aubachquelle:
Wildensee ist Ortsteil von Eschau an der Kreisstraße 26 Eschau – Altenbuch. Die Aubachquelle mit Spielplatz, Festhütte und Kneippbecken liegt im Nordteil von Wildensee. Vor der Nutzung des Grillplatzes, bitte, Gemeindeverwaltung Eschau fragen unter Telefon 0 93 74/9 73 50.

Weglänge:	4 km, nur Asphalt, meist ohne Schatten
Auskunft:	siehe Kapitel 12.
Einkehren:	siehe Kapitel 12

Am Wegrand noch ein Räuber

Ein seltsamer Nothelfer

Denkwürdige Geschichten haben sich dereinst im Spessart zugetragen. Ein armer Tagelöhner war vor lauter Hunger schwer erkrankt. Da konnte kein Arzt helfen. Die Frau des Tagelöhners klagte, ob denn niemand ihr in all der Not beistehen wolle. Da glühte plötzlich das ganze Fenster. In der sonst immer düsteren Kammer wurde es taghell. Auf dem Fenstersims hockte ein feuriges Männlein, war aber sofort wieder verschwunden. Die Frau fand die Fensterbank völlig verkohlt. Doch da lag auch ein Häuflein guter Dukaten auf dem Sims. Die Frau des Tagelöhners war glücklich. Es gab wieder zu essen. Der Mann wurde gesund. Zugetragen hat sich dies, wenn es denn so war, im Dörfchen Altenbuch wenig nördlich des Mainstädtchens Stadtprozelten.

Im Altenbucher Wald nordwestlich des Dorfs liegt das uralte Gasthaus „Hundsrückhof" am einstigen „Eselsweg" (siehe Kapitel 42 „Wachhütte"). Ein kleiner Spielplatz mit einer großen, in einen Holzturm hineingebauten Rutsche ist dabei. Auch ein paar Schaukeln, ein Tisch und zwei Bänke stehen am Rand einer Streuobstwiese. Der Hof Hubert, der einen Hirsch im Familienwappen führt, besteht seit 1588. An der Hauswand ist's abzulesen.

Zum Hundsrückhof führt eine schmale Straße auf dem historischen Eselsweg. Doch es läuft auch eine kleine Rundwanderung dorthin, die am Parkplatz „Kreuzsteintor" beginnt und endet. Für knapp 200 Meter zieht die Route zunächst längs der Straße Richtung Altenbuch bergab. Dann biegt sie auf dem festen geschotterten Weg rechts in den Wald hinein. Anfangs geht es sacht hinab. Nach 800 Metern im Wald aber steigt der Weg für rund 200 Meter kräftig bergan. Nun gilt es für die nächsten 1 000 Meter Obacht zu geben, damit der Abzweig nach rechts nicht verpasst wird.

Zunächst kreuzt ein Pfad den festen Waldweg, der nun wieder beständig sanft bergauf läuft. Es folgt eine lang hingezogene Rechtsbiegung, die gar nicht enden will. Nach einem kurzen geraden Wegstück schließt sich eine ziemlich scharfe Linkskurve an. In ihrem Scheitelpunkt kreuzt ein Waldweg den festen Wanderweg. Er kommt von links unten und steigt rechts den Hang hinauf. Am Weg steht rechter Hand eine Buche, die sich in drei Stämme teilt. Die Wegränder sind ständig von Wildschweinen aufgewühlt. Hier, nach insgesamt 2,2 Kilometern Wanderung, nun rechts den Waldweg aufwärts.

Der etwas unordentliche Pfad führt steil bergan, endet aber schon nach 200 Metern droben auf der Höhe an einer Asphaltstraße. Dort nun links und noch knapp 400 Meter bis zum Hundsrückhof. Der Rückweg ist einfacher zu finden, auch ein paar hundert Meter kürzer. Er läuft vom Gasthaus her zunächst auf dem Asphaltsträßchen zurück. Nach gut 400 Metern biegt er schräg rechts in den Waldrand ein und folgt nun gleich mehreren Wegzeichen: Dem „E" für den Eselsweg, dem grünen Täfelchen mit dem „Hasenstabbild" (siehe Kapitel „Johann Adam Hasenstab") drauf und schließlich dem „Roten Dreieck". Bis zum Parkplatz am Kreuzsteintor sind's noch 1,7 Kilometer oder rund 20 Minuten.

Der Weg zum Kreuzsteintor:
Der Parkplatz Kreuzsteintor liegt exakt auf der Grenze der Landkreise Aschaffenburg und Miltenberg an der Kreisstraße von Altenbuch nach Dammbach.

Weglänge: 5 km

Hinweis:
Dass der Parkplatz den ungewöhnlichen Namen Kreuzsteintor führt, hat wohl mit dem einstigen, mehr als 6 000 Hektar großen „Wildpark" zu tun. Den hatten schon die Kurfürsten von Mainz als Jagdgebiet unterhalten und zum Teil eingezäunt. Nach der Französischen Revolution 1789 und der 1803 folgenden Säkularisation der Kirchengüter übernahm das Königreich Bayern das Wildgehege. Am Kreuzsteintor befand sich einer von mehreren Eingängen zum Tierpark. Ein heute verschwundener Markstein mit einem Kreuz darauf hat ihm wohl den Namen gegeben. Andere Eingänge bildeten das „Kreuztor" anderthalb Kilometer nordöstlich des Kreuzsteintors, das „Frickengrundtor" wenig nördlich Altenbuch, das „Viertor", das „Höhtor", das „Rainstor".

Auskunft:	Gemeindeverwaltung Dammbach
	Rathaus
	63872 Dammbach
	Telefon 0 60 92/15 94
Einkehren:	Gasthaus „Hof Hundsrück"
	montags Ruhetag
	Telefon 0 93 92/88 28

Spiel und Spaß am Hundsrückhof

In Hasenstabs Revier

In den Haslochbach, der am „Haselbrunnen" wenig östlich Rohrbrunn entspringt und später das „Mühlental" bei Schollbrunn in voller Länge durchströmt, mündet bei der „Zwieselmühle" der „Schleifbach". Der kommt von der „Schleifmühle" heran, hat seine Quelle aber weiter oben in der Gegend südlich Bischbrunn. Dort heißt er allerdings noch der „Springbach" und kommt aus dem „Springbrunnen". Ab der Schleifmühle erst wird aus ihm der Schleifbach. Solche Namenssprünge kommen im Spessart öfter vor (siehe Kapitel 8 „Haslochtal" oder Kapitel 22 „Mespelbrunn").

Dies ist die Gegend, in der „des Spessarts Erzwilddieb" Johann Adam Hasenstab (siehe Kapitel „Johann Adam Hasenstab") sich wie zu Hause fühlte, wo er mit Vorliebe seinem verbotenen Weidwerk nachging. Die wildreiche Landschaft und die politischen Verhältnisse (siehe Kapitel „Die Spessarträuber") waren seinem Tun hier besonders günstig. Bei Schollbrunn verlief die Grenze zwischen dem Kurfürstentum Mainz und der Grafschaft Wertheim. Drohte von der einen Seite Gefahr, wechselte der Wilddieb geschwind ins Nachbarrevier und war im dortigen „Ausland" vor Verfolgung sicher.

Obwohl Hasenstabs Wilddiebereien, auch sein Katz-und-Maus-Spiel mit seinen zahlreichen Häschern, mehr als 200 Jahre zurückliegen, lebt er in der Vorstellung der Menschen im Spessart bis auf den heutigen Tag fort. Seine „Heldentaten", mit denen er vor allem die Mainzer Hofjäger foppte und deren listenreich aufgebauten Fallen immer wieder entging, sind lebendig wie zu Hasenstabs Lebzeiten. Ein nach ihm benannter, gut 60 Kilometer langer Wanderweg „Auf den Spuren des Spessarter Erzwilddiebs Johann Adam Hasenstab" führt seit ein paar Jahren kreuz und quer durch den südöstlichen Teil des Waldgebirges, kommt auch an der Zwieselmühle vorüber. Hier, wie in den anderen Mühlen im Tal auch, hat sich Hasenstab des öfteren vor seinen Verfolgern versteckt, stets wohlbehütet von seinen Müllern und ihren Helfern.

Dort wird denn auch heute noch gern die Geschichte erzählt, die sich an der „Schreckemühle" (siehe Kapitel 10 „Mühlental") zutrug. Ein Trupp kurfürstlicher Husaren stürmte in den Hof der Mühle. Dort hatte der Knecht soeben einen Sack Mehl auf den Wagen geladen. Nun klopfte er sich den Staub vom Kittel. Die Husaren stachen mit dem Säbel in den Mehlsack, dass es nur so staubte. Sie vermuteten, der Hasenstab stecke drinnen. Fehlanzeige – sie hatten ihn wieder mal nicht erwischt. Der Müllersknecht aber grinste vielsagend in sich hinein: „Ich glaube nicht", sagte er zu sich selbst, „dass sich der Hasenstab in einen Mehlsack stecken ließe".

Ein kurzer Rundgang von grad mal gut drei Kilometern führt in des Wilddiebs Revier. Dabei wird auch erkennbar, wie leicht sich jemand hier in der freien Natur verstecken und seinen Häschern entziehen konnte. Er musste sich nur recht auskennen in der Gegend. Am großen Parkplatz bei der Zwieselmühle beginnt die Wanderung. Sie führt erst mal auf dem Schotterweg rechts am Parkplatz hin und leicht bergauf. Bald ist der Waldrand erreicht. Nach 600 Metern kommt von rechts rückwärts ein Weg herab, kreuzt den geschotterten Waldweg und führt schräg links vorn auf sehr grobem Schotter hinab. In der Weggabel steht ein großer Fichtenstumpf. Die Wanderung läuft links hinunter und nach 300 Metern noch einmal links. Bald darauf, gut 1 200 Meter nach dem Start an der Mühle, enden alle Wege im Waldrand.

Das ist gar nicht schlimm. Die wenigen Schritte ohne Pfad gradaus durchs Buschwerk sind bald getan. Jenseits geht's am Rand einer Wiese links hinunter auf die Schleifmühle zu. Das schlichte Wirtshaus, das vor Zeiten eine Mühle war und sicher auch Hasenstab wohl bekannt, ist nach 200 Metern erreicht – allerdings bei feuchter Witterung auf leicht matschigem Pfad.

Oberhalb des Wirtshauses steht am Hang eine Kapelle aus dem Jahr 1929. Der Wanderweg läuft unten an ihr vorüber den Hang hinauf und mündet gleich in einen festen Schotterweg. Mit leichter Rechtsbiegung geht's nun sanft immerzu bergab. Bis zur Zwieselmühle sind's noch 1 800 Meter auf diesem festen Weg, der zwar Fahrstraße ist, aber kaum genutzt wird.

Der Weg zur Zwieselmühle:
An der Staatsstraße 2316 zwischen Schollbrunn und Hasloch zeigt am Abzweig der Kreisstraße 31 nach Michelrieth ein auffallend großer Wegweiser die Richtung zu den Mühlen im Tal des Haslochbach.

Weglänge:	3,2 km
Einkehren:	Gasthaus Zwieselmühle
	Telefon 0 93 94/22 42
	mittwochs ab 14.00 Uhr und donnerstags Ruhetag
	Wirtshaus Schleifmühle
	Telefon 0 93 94/22 18
	montags, dienstags und mittwochs geschlossen

Hinweis:
Spessartkenner raten zum Besuch der Zwieselmühle, weil sie ein kleines Tiergehege und einen Streichelzoo unterhalte. Das gilt, seit im Jahr 2001 weite Teile Europas von der Maul- und Klauenseuche und der Rinderkrankheit BSE befallen waren, nicht mehr uneingeschränkt. Der Streichelzoo ist aus gesundheitshygieni-

schen Gründen erst mal abgeschafft worden. Das Gehege wurde stark verkleinert. Bevor es also heißt, auf in den Streichelzoo der Zwieselmühle, am besten erst mal anrufen, ob er wieder besteht. Mitte 2001 waren die Wirtsleute jedenfalls noch unentschieden, ob sie ihn wieder anlegen würden.

Auch gehört zum guten Ton im Spessart, in der Wirtschaft nachzufragen, ob das Auto während der Wanderung auf dem Privatparkplatz der Zwieselmühle abgestellt werden darf. Die Wirtsleute haben keine grundsätzlichen Einwände, rechnen aber nach dem Rundgang mit einer Einkehr in ihrem Hause.

Munteres Getier an der Zwieselmühle

Ein Picknick im Wald

Mag sein, dass es keine gute Idee ist, auf dem Wintersbacher Spielplatz am oberen Ende des „Triebweg" eine Wanderung beginnen zu lassen. Denn Wippen und Klettergerüste, die Torwand, ein Holzhäuschen, dazu ein Schutzdach mit Tisch und Bänken, schließlich ein Hochsitz und eine Hängebrücke, ein kleines Karussell auf einem Wagenrad verführen, an diesem Ort zu bleiben. Ein Fitness-Pfad läuft auf der anderen Straßenseite ins freie Feld hinaus.

Dennoch – die nur vier Kilometer lange Runde zur „Wintersbachquelle" führt an einen gleichermaßen reizenden Platz mitten im Wald mit Schutzhütte und Vordach, mit Eckbank und Tischen, mit einer gefassten Quelle und nicht weit davon dem noch ganz jungen, langsam dahinströmenden Wintersbach. Dieser schattige Grund kann es mit dem Spielplatz am Straßenrand jederzeit aufnehmen.

Die kleine Wanderung läuft zunächst auf dem Asphaltsträßchen am Spielplatz längs bergan und im Halbkreis um ihn herum. Über 900 Meter hin geht es auf festem Grund zwischen Feldern und Wiesen ständig hinauf. Gelegentlich steht am Wegrand eine kleine Schafherde. Die Sicht aufs umliegende Land und hinunter aufs Dorf Wintersbach wird mit jedem Wanderschritt freier. Der Asphalt endet abrupt. Links liegt ein Gärtlein. An seinem Zaun entlang und hinter dem zugehörigen Gartenhäuschen ist gleich der Wald erreicht.

Links fällt der Hang ab, rechts steigt er hoch. Mal eben, mal bergan führt der Weg unter hochstämmigen Buchen und Fichten hin. Nach 200 Metern im Wald lagert links am Pfad ein Holzstapel. Ein Maschendrahtzaun, der linker Hand eine Fichtenschonung einfasst, folgt nach 600 Metern. Es geht wieder leicht bergab und nach weiteren 100 Metern in dichten Fichtenwald hinein.

Dort zieht der Weg nun ziemlich steil und auch ein wenig holprig hinab. Es wird deutlich, weshalb hier gutes, festes Schuhwerk gebraucht wird. Doch gefährlich geht's nicht zu. Nach 200 Metern wieder links hinab, nun in eine Senke. Der Weg wird zusehends schmaler, läuft bald in dichtem Buschwerk dahin. Eine auffällige Weggabel folgt nach 300 Metern. Links läuft ein Weg leicht bergan. Die Route zur Wintersbachquelle führt rechts leicht abwärts, dann durch eine Linkskurve.

Unten am Hang ist schon unter Tannen und Buchen leises Plätschern des Wassers aus der Wintersbachquelle zu vernehmen. Alte, umgestürzte, moosbewachsene Baumstämme liegen im Grund. Gleich ist – nach einer Strecke von insgesamt 2,6 Kilometern – die angekündigte Schutzhütte mit Tischen und Bänken erreicht. Unten vorm Haus liegt ein mächtiger flacher Stein, der auch als Tisch genutzt werden kann. Zum Brunnen am Hang führen 18 hölzerne Stufen hinab. Zum Bach unten im Grund sind es gut zehn Meter auf schmalem Pfad – ungefährlich.

Das letzte Drittel der Runde führt zunächst an einem Jägerstand vorbei. Bald darauf mündet der Waldweg in ein Asphaltsträßchen. Am Rand stehen fünf Ruhebänke. Ihnen gegenüber eine Madonna unterm Schutzdach auf einem Sandstein. Der geteerte Weg führt aus dem Wald hinaus. Doch Vorsicht! Nicht ihm folgt die Wanderung! Direkt am Waldrand läuft der Wanderweg nun auf dem alten fast zugewachsenen Fahrweg nach links in den Bachgrund hinab. Unten geht's über den Wintersbach und drüben ziemlich steil hinauf.

Ein Fußpfad steigt dort unterm dichten Blätterdach schräg rechts bergan. Nach 200 Metern endet der Wald. Links oben liegt eine Streuobstwiese, rechts unten fließt im Tal der Wintersbach. Bald tritt der Weg in ein Wäldchen. Von dort nicht sichtbar, gelegentlich aber gut hörbar, liegen rechts im Grund die Wintersbacher Sportplätze. Nun folgt ein altes Asphaltsträßchen, das in einer Linkskurve den Hang hinabsteigt und bald den „Triebweg" erreicht. Hier nun noch mal links sacht hinauf und nach gut 300 Metern zurück zum Spielplatz.

Der Weg zum Spielplatz:
Wintersbach ist Ortsteil der Gemeinde Dammbach. Es liegt östlich der Staatstraße 2308, einem Teilstück der „Deutschen Ferienroute Alpen-Ostsee", die von der Autobahnabfahrt Weibersbrunn über Mespelbrunn nach Obernburg am Main führt. Dort trifft sie sich mit der „Bocksbeutelstraße". Im Dammbacher Ortsteil Wintersbach zunächst in die „Friedhofstraße", an der Gabel mit dem Wegweiser „Parkplatz" gradaus in den „Triebweg" und zum Spielplatz.

Weglänge:	rund 4 km
Anmerkung:	wasserfestes, festes Schuhwerk wird empfohlen
Auskunft:	Gemeindeverwaltung Dammbach Rathaus 63872 Dammbach Telefon 0 60 92/15 94
Einkehren:	Dorfgasthäuser in Dammbachs Ortsteilen

Spielplätze gibt's genug im Wald

Ein nächtlicher Überfall

Am 30. September 1810 ist der Nürnberger Kaufmann Johann Richard Söltel spät in der Nacht noch unterwegs von Frankfurt am Main zurück an seinen Wohn- und Firmensitz. Mit zwei Begleitern reist er in der Postkutsche durch den Spessart. Außer den drei Reisenden im Wagen und dem Kutscher vorn auf dem Bock transportiert das Fahrzeug Schmuck, Geld und die Geschäftsbücher der Firma. Söltel war auf der Frankfurter Herbstmesse (siehe Kapitel „Die Spessarträuber").

In der selben Nacht ist auch Philipp Friedrich Schütz, genannt der „Manne Friedrich", mit vier Spießgesellen auf den Beinen. Unter ihnen der „Krumme Hannfriedel" und der „Kleine Johann". Das Grüppchen aus fünf Räubern hatte noch wenig Erfolg an diesem Tag. Einen Fruchtwagen hatten sie aufgebrochen, ohne drin was Rechtes zu finden. Ein Wirtshaus hatten sie überfallen wollen. Doch hatten mehrere Wachhunde das Unternehmen vereitelt, die Räuber verscheucht. So waren sie denn nun seit Stunden schon unterwegs immer in der Hoffnung, doch noch einen guten Fang zu tun.

Zwischen zwei und drei Uhr in der Früh am 1. Oktober treffen beide Gruppen, die Reisenden in der Postkutsche und die Gauner zu Fuß, nah der Poststation „Rohrbrunn" zusammen. Der Krumme Hannfriedel springt in voller Fahrt hinten auf die Kutsche auf. Doch der Koffer, den er losmachen und hinunterwerfen soll, ist mit eisernen Ketten festgezurrt. Gleichzeitig greift sich der Kleine Johann einen Steinbrocken vom Wegrand und schleudert ihn auf eins der Pferde. Das bricht zusammen. Der Postwagen hält an. Händler und Kutscher springen ab, fliehen in den Wald. Die Räuber machen sich über die Beute her.

Doch sie sind nur zum Teil erfolgreich. Derweil sie mühevoll den festen Koffer mit Schmuck, Kleidung, Geld und Kontobüchern aufbrechen, holt der Kutscher Hilfe aus Rohrbrunn. Förster und Husaren eilen herbei. Die Banditen fliehen Hals über Kopf, können nur einen Teil der Beute davontragen. Kaufmann Söltel ist einigermaßen gut weggekommen, mögen auch große Teile der Geschäftsbücher nun unbrauchbar und einiges Vermögen verschwunden sein.

Schlimmer erging es 200 Jahre zuvor dem Schweinfurter Kaufmann Georg Backmundt. Der reiste – allerdings wohl allein und zu Pferde – für seinen Herrn Hieronymus Rueffer am 2. April 1609 ebenfalls in der Gegend um Rohrbrunn. Er wurde überfallen und dabei erschlagen. An der Bundesstraße 8, gleich nordwestlich des Anschlusses 64 „Rohrbrunn" der Autobahn Würzburg – Frankfurt, erinnert noch heute ein steinernes Kreuz an das Verbrechen mit der Aufschrift: „ANNO / 1609 / DEN 2. APRIL / IN DIESEM MO-

NAT TAG VND JAHR / ALHIER JEMMERLICH VMGE-
BRACHT WAR / GEORG BACKMAUNDT MIT GROSSER
REV / EIN FROMMER VLEISSIGER DIENER TREV /
HIERONYMI RUEFFERS GEWIS / VON SCHWEINFURT
HERGERITTEN IS / GOTT GEBE IHM EIN FRÖHLICH VR-
STEND / UND BEHVT VOR UNGLVCK BEHEND".

Das „Schweinfurter Kreuz", bei aller orthographischen Unzuläng-
lichkeit seiner Inschrift, ist Ausgangspunkt für eine längere Wanderung tief in den Wald hinein. Anfangs läuft sie nur bergab, hin und
wieder eben. Im zweiten Teil wird sie zeitweilig anstrengend, nicht
nur weil's dann bergauf geht. Für gut anderthalb Kilometer führt die
Route auf selten begangenen Wegen, überwindet gestürzte, nicht auf-
geräumte Baumstämme, windet sich gelegentlich auf schmalem Pfad
durch Brennesselstauden. Der Wanderer sei somit gewarnt, nicht ab-
geschreckt.

Die Route folgt vom Schweinfurter Kreuz her auf grasigem Weg
zunächst den Wanderzeichen „E", „Roter Punkt" und „Roter Quer-
balken". Der breite, hier und da ramponierte Weg durch den Wald
gibt eine ungefähre Vorstellung von den Reisewegen der Postkut-
schenzeit (siehe Kapitel 42 „Wachhütte"). Nach einem halben Kilometer bergab folgt eine lang gestreckte Lichtung im Wald. Wildschweine hinterlassen hier regelmäßig Spuren ihrer Wühlarbeit der
vergangenen Nacht.

Gleich darauf überquert der Wanderer einen großen geschotterten
Fahrweg und geht drüben auf sehr festem Boden weiter – immer
noch hinab. Nach 500 Metern mündet von links ein weiterer Fahrweg ein. Die Wanderung läuft geradeaus weiter, bis sie nach 400 Metern an einem Querweg endet. Es geht links weiterhin bergab.
Schließlich trifft der Wanderer im Wald erneut auf einen querenden
Weg, der mit einer weiten Kurve einen kleinen Weiher umfasst.
Rechter Hand liegt das Waldstück „Suhl" mit einer Quelle drin, die
den See speist.

Die Wanderung führt links zwischen dem See und dem Waldstück „Hirschtrieb" – nun ohne Wegzeichen – weiter. Rund 400 Meter nach dem Weiher folgt links am Weg ein hölzerner Zaun, der das
Wassereinzugsgebiet fürs Pumpwerk Rohrbrunn schützt. Der Wanderweg führt hier zum Pumpwerk hinauf und von dort auf dem unteren ebenen Pfad am Hang entlang. Hier folgt das angekündigte
schwierige Wegstück, das manch einen an Indianerspiele oder auch
an „Räuber und Gendarm" erinnern mag.

Rechter Hand zieht sich der stille Talgrund beiderseits des
„Dammbach" hin, der wenig oberhalb am „Libischbrunnen" seine
Quelle hat. Die Wanderroute läuft nun bald ständig bergan, steigt
über abgestorbene Bäume und Sträucher, läuft an Brennesselwäldern
vorüber und trifft immer wieder auf Wildschweinspuren. Nach gut

anderthalb Kilometern ist der „Urwald" bezwungen. Der Weg endet an der Staatsstraße 2317, die den bayerischen Teil des Spessart durchquert, aus dem Tal der Lohr bei Partenstein heraufsteigt, über Rothenbuch und Rohrbrunn führt und im Elsavatal auf die Staatsstraße 2308 trifft.

Die Wanderroute überquert die Fahrbahn senkrecht und steigt drüben mit dem unscheinbaren, fast zugewachsenen einstigen Fahrweg den Hang hinauf. Also nicht zum festen Weg 20 Meter rechts weiterziehen. Der erste Teil des Wegs ist wieder sehr steil, flacht sich nur allmählich ab und läuft ständig auf dem Rücken des nach links und rechts abfallenden Berghangs. Der Wald geht derweil von hochstämmigen Buchen in niedriges Strauchwerk über. Nach 600 Metern endet der Waldpfad an einem querenden Schotterweg.

Hier führt der Wanderweg links und erreicht nach gut 600 Metern eine stark ausgeprägte Rechtskurve. Dort im Innenraum steht eine uralte, mittlerweile abgestorbene Eiche. Ihr von Wind und Wetter fast weiß gegerbter mächtiger Stamm macht auch im Zustand des Vergehens noch Eindruck. Dieses Wegstück endet bald an der schon vorher überquerten Staatsstraße 2317. Hier nun erneut hinüber. Auf dem festen Waldweg drüben sind noch mal 800 Meter zurückzulegen. Dann leiten das Wegzeichen „E" und der „Rote Punkt" aus dem Scheitel einer starken Linkskurve rechts hinaus und in einigen Biegungen leicht bergan. Knapp 400 Meter noch, und das Schweinfurter Kreuz ist wieder erreicht.

Der Weg zum Schweinfurter Kreuz:
Der Ausgangspunkt Schweinfurter Kreuz liegt an der Bundesstraße 8 genau 750 Meter nordwestlich der Abfahrt 64 „Rohrbrunn" der Autobahn Würzburg – Frankfurt.

Weglänge: gut 8 km

Schweinfurter Kreuz bei Rohrbrunn

18 Von Mespelbrunn zu den Räubern im Wald

Stündlich ein Überfall

Samstags nachmittags gegen halb vier ist Raubüberfall. Nicht immer, aber doch einigermaßen regelmäßig. Dann legen die Spessarträuber einen mittelstarken, nicht allzu schweren Baumstamm quer über die Straße und verkriechen sich hinter Busch und Strauch. Wenig später rollt der Reisebus heran, stoppt vor der Straßensperre. Die Räuber springen aus ihrem Versteck hervor, reißen die Bustüren auf und brüllen: „Überfall! Alles aussteigen! Schnell, schnell". Hat sich der erste Schreck gelegt, folgen die Busreisenden gemächlich den schrill gerufenen Anweisungen. Bereitwillig lassen sie sich in den nahen Wald entführen. Dort folgt ein halbstündiges Spektakel mit hochnotpeinlicher Befragung, mit Androhung des Aufknüpfens am nächstbesten Baum, mit Hohn und Spott.

Bald aber löst sich die Veranstaltung in Wohlgefallen auf. Die Räuber spendieren einen Schnaps, angereichert, wie sie behaupten, mit Schneckenschleim, Fliegeneiern und giftigen Waldpilzen. Die Überfallenen schütteln sich, schlucken den Räuberkorn todesmutig runter. Darauf folgt die Versöhnung. Die Räuber singen, tanzen und springen nun durch den Wald, die Gäste schunkeln. Ein Apfelwein beschließt den Überfall. Die Reisenden setzen die unterbrochene Fahrt fort, manch einer mit ein paar rußigen Flecken im Gesicht zur Erinnerung an überstandene Schrecken. Die Räuber machen sich bereit für den nächsten Überfall. Die Zeit drängt. Ein weiterer Bus ist für halb fünf angesagt.

Klar, die Überfälle sind keine ernste Angelegenheit, erwischen die Reisenden meist auch nicht aus völlig heiterem Himmel. In so manchem Spessartdorf lassen sich Raubüberfälle vorbestellen. Zum Beispiel in Mespelbrunn, wo die Laienschauspielschar der „Spessartbühne" mehr als hundertmal im Jahr zu Raub und Überfall ausrückt. So ist die Wahrscheinlichkeit groß, dass der Wanderer sie bei ihrem Tun antrifft. Der Ort des Überfalls ist meist der Parkplatz „Unseres Herrn Bild" westlich Mespelbrunn hoch droben im Waldgelände „Hohe Warte". Dort hinauf führt ein Sträßchen. Doch auch zu Fuß ist der Tatort im Wald gut zu erreichen.

Die Wanderung beginnt an der Wallfahrtskirche im Mespelbrunner Ortsteil Hessenthal. Ein Blick dort in die drei aneinander gebauten unterschiedlich großen Gotteshäuser lohnt.

Nach dem Gang durch die drei Kirchen zieht der Wanderer den nebenan bergauf führenden „Hessenthaler Weg" hoch. Er ist zugleich Kreuzweg, der nach den üblichen 14 Stationen droben auf der Höhe an einer „Marienkapelle" aus dem Jahr 1670 endet. Anfangs ist der Weg asphaltiert. Später besteht er aus rotem Kopfsteinpflaster. Unter dem Naturdenkmal zweier Kastanien bei der Kapelle steht eine Ruhebank. Die Aussicht ist angenehm. Unten im Grund liegt Mespelbrunn. Jenseits des Tals sind die bewaldeten Höhen „Dürrenberg" und „Kaltenberg" zu sehen. Ihre waldfreien Westhänge sind im Herbst gute Plätze fürs Drachensteigen.

Die Wanderung führt auf dem Asphaltsträßchen von der Kapelle her sanft bergan zur „Hohen Warte". Ein Wegweiser zeigt die Richtung. Bald erreicht die Straße ein Waldgelände. Aus dem Asphalt wird ein Schotterweg. Gut 1 200 Meter nach der Kapelle trifft der Weg auf eine Waldlichtung. Sie fällt nach rechts ziemlich ab. Links am Weg folgt gleich ein Kruzifix, das in einen ausgehöhlten Baumstamm gestellt ist. Bald darauf ist auch schon der Parkplatz „Unseres Herrn Bild" erreicht. Hier sollten, so es denn Samstag gegen 15.30 Uhr ist, ein paar Räuber zu finden sein. Es ist zweckmäßig, sich mit ihnen gut zu stellen und ihr bevorstehendes Tun niemandem zu hinterbringen.

Ob mit oder ohne Räuber – hier fällt die Entscheidung, ob ein Besuch im „Waldgasthaus Hohe Warte" angebracht ist. Dorthin sind's noch 1,2 Kilometer, teils auf Asphalt, teils auf gutem Waldweg – immer den Schildern nach. Beim Gasthaus selbst liegt ein großer Biergarten im Schatten von Ahorn, Buchen und Linden. Ein kleiner Spielplatz dabei hat in recht rauem Gelände nur ein paar Schaukeln. Eine einfache Kegelbahn im Freien kann von jedermann genutzt werden. Nach dem Besuch in der Hohen Warte führt der Weg zum Platz des Raubüberfalls zurück.

Von diesem steigt die restliche Wanderstrecke rechts am Parkplatz entlang im Wald leicht bergan. Nach 100 Metern ist freies Wiesengelände erreicht. Der Weg läuft leicht weiter hinauf und führt bald in einer Linkskurve auf die Sendeantenne links im Waldstück zu. Der Weg ist hier und da mit einem „Roten Kreuz" markiert. An der Bodenstation des Sendemasten biegt der Wanderweg rechtwinklig rechts ab und steigt als Grasweg bald den Hang hinunter in den Mespelbrunner Ortsteil Hessenthal und damit zurück zum Ausgangspunkt der kleinen Wanderrunde.

Der Weg zur Wallfahrtskirche:
Die Hessenthaler Wallfahrtskirche steht am Nordrand des Dörfchens Mespelbrunn. Alle drei Kirchen sind tagsüber ständig geöffnet.

Weglänge:	3,6 km, mit einem Besuch im Waldgasthaus Hohe Warte 6 km
Auskunft:	Fremdenverkehrsverein Mespelbrunn Hauptstraße 164 63875 Mespelbrunn Telefon 0 60 92/3 19, Telefax 55 37 e-Mail Info.Mespelbrunn@t-online.de Internet www.touristik-mespelbrunn.de

Auskunft Spessarträuber und Spessart Bühne Mespelbrunn:

Günther Köstler
Spessartstraße 16
63875 Mespelbrunn
Telefon 0 60 92/16 43, Telefax 59 50

Einkehren:

Waldgasthaus Hohe Warte
im Juli und August täglich von 10.30 bis
19.00 Uhr geöffnet
außerhalb dieser Zeit bitte vorher anrufen
Telefon 0 60 21/33 98-0

weitere Gasthäuser

Gefangen von den Spessarträubern

Das Schloss am Espelborn

„Ein prima Schloss; ein Sicherheitsschloss – mit so viel Wasser drumrum". So hat einst der Kabarettist Wolfgang Neuss, einer der Räuber in Kurt Hoffmanns musikalischer Räuberpistole „Das Wirtshaus im Spessart" (siehe Kapitel „Das Wirtshaus im Spessart"), jenes verspieltromantische Schlösschen genannt, in das die Film-Gräfin Franziska von Sandau nach überstandener Entführung und listenreicher Befreiung glücklich heimkehren durfte.

Ein Wasserschloss ist Mespelbrunn seit dem frühen 15. Jahrhundert schon. Der Kurfürst von Mainz hatte im Jahr 1412 seinem aus dem Odenwald herübergekommenen Forst- und Bachmeister Hamann Echter „den Platz zum Espelborn" geschenkt, eine stille, einsam im Wald gelegene Bachquelle. Der Forstmann baute sich ein Haus an den kleinen See. Sein Sohn errichtete an der Stelle zwischen 1427 bis 1434 eine feste Wasserburg. Echter und auch seine Nachkommen nahmen in kurmainzischen Diensten Aufseherfunktion im Spessart war. Ein Schloss, wie es im wesentlichen noch heute am Espelborn liegt, machte erst im 16. Jahrhundert Peter Echter aus der ererbten Wasserburg.

Im Jahr 1665 erlosch das Geschlecht der Echter. Ihre Nachfolge im Schloss Mespelbrunn, am See und im Landbesitz traten die Pfalzgrafen von Ingelheim an. Ihre Nachfahren bewohnen noch heute das Haus am See. Die Ingelheims haben im 18. und 19. Jahrhundert vielfach umgebaut und saniert, haben den lustigen Sandsteinbogen zwischen Bergfried und südlichem Anbau eingesetzt, dort auch einen Erker angebaut, hier und da ein zusätzliches Stockwerk aufgesetzt.

So fand Kurt Hoffmann (siehe Kapitel „Das Wirtshaus im Spessart") 1957 das Schloss vor, als er durch den Spessart zog auf der Suche nach den Spielorten für seine Räuberpistole. Doch ist Mespelbrunn sicher nicht jener Adelssitz, den Wilhelm Hauff im Sinn hatte, als er seine Erzählung vom „Wirtshaus im Spessart" schrieb. Sparsam wie seine Angaben zum Wirtshaus sind auch seine Aussagen zum Schloss. Nur so viel scheint sicher: Es stand nicht mitten im dunklen Spessart. Denn die glücklich aus Räuberhand Befreiten zogen laut Hauff „im Triumph der Stadt zu". Dort wurden sie auf der Rathaustreppe vom Gatten der Gräfin Sandau empfangen. „Noch am selben Tag aber führte der Graf den jungen Goldschmied nach seinem Schlosse, wo die Gräfin sehnsuchtsvoll auf Nachrichten wartete". So das glückliche Ende der Hauffschen Erzählung.

Dem Wasserschloss ist der Filmruhm und -rummel nicht schlecht bekommen. Keine Reise in den Spessart, die Mespelbrunn ausließe. Die Besucher im Schloss werden nach Zehntausenden gezählt. Viertelstündlich beginnt eine Führung durchs Haus. Sie lenkt den Blick

zurück in fast 600 Jahre Schloss- und Familiengeschichte. Die Zugbrücke hat zwar einem festen Übergang Platz gemacht. Doch die
stählernen Rollen für die Zugketten sind noch immer da. An ihnen
endet der Rundgang für alle Mespelbrunn-Besucher, die nur den See,
den Park, das Ensemble genießen wollen.

Im Schloss selbst dann Staunen über den Rittersaal vor allem –
mit seiner mächtigen Eichendecke, die auf steinernen Säulen ruht.
Die Schlosskapelle bewahrt gotische Glasmalereien und einen zierli-
chen Alabasteraltar. Der Rundgang führt weiter durch Ahnen- und
Speisesaal, in den Chinesischen Salon, ins Echterzimmer. Die quellen
fast über von Jagdtrophäen und Waffen, von Stilmöbeln, Porzellan,
Fayencen, von Gläsern und nicht zuletzt von Porträts der gräflichen
Familie und von Grafiken.

Der Weg zum Schloss:
Anschlussstelle 63 „Weibersbrunn" der Autobahn Frankfurt –
Würzburg, weiter nach und durch Mespelbrunn, kurz vor dem
südlichen Ortsende links dem Wegweiser „Schloss" nach.

Öffnungszeiten:	Mitte März bis Mitte November	
	montags bis samstags	9.00 – 12.00 Uhr
	und	13.00 – 17.00 Uhr
	sonn- und feiertags	9.00 – 17.00 Uhr

Auskunft:	Schlossverwaltung
	63875 Mespelbrunn
	Telefon 0 60 92/2 69
	Internet www.schloss-mespelbrunn.de
	Fremdenverkehrsverein Mespelbrunn
	siehe Kapitel 18

Das Schloss am Espelborn

20 Von Echterspfahl rund um den Jockel

Geschichten um einen Holzpflock

Niemand wird wohl je mehr ergründen, welche der Geschichten, die sich um den „Echterspfahl" nahe der Ausfahrt „Weibersbrunn" an der Autobahn Würzburg – Frankfurt schlingen, die historische Wahrheit birgt. Die eine erzählt, drei Brüder aus dem adeligen Geschlecht der Echter hätten vor Zeiten als Raubritter den gesamten Odenwald zwischen Neckar und Main mit ihren Überfällen und Raubzügen in Angst und Schrecken versetzt. Kaiser Friedrich Barbarossa sandte schließlich Landsknechte, die Übeltäter festzunehmen. Doch die Brüder entkamen ihren Häschern über den Main und versteckten sich im Spessart. Dort baute sich jeder ein kleines Schloss – der eine in Partenstein im Tal der Lohr, der zweite in Mespelbrunn, der dritte bei Lindenfurt im Hafenlohrtal.

Wollten die Brüder, die angeblich im Spessart bald vom Stehlen und Rauben abließen, zu gemeinsamer Beratung zusammenkommen, so verabredeten sie sich an einem geheimen Ort – eben nah dem Weiler Weibersbrunn am „Eselsweg" (siehe Kapitel 42 „Wachhütte"). Dort banden die drei Echters an einem Eichenpfahl ihre Reitpferde an. Deshalb heißt die Gegend bis heute „Echterspfahl". Der Pfosten mit den drei eisernen Ringen für die drei Rösser der drei Brüder steht noch heute am alten Platz, von Zeit zu Zeit erneuert.

Andere sagen, mit dem Pfahl habe es eine ganz unromantische, nicht mit Räubergeschichten verknüpfte Bewandtnis. An ihm hätten die drei Echtersbrüder, die in Wahrheit friedlich und gemeinsam im nahegelegenen Schloss Mespelbrunn lebten, jeweils am Ende einer Hirschjagd in den Spessartwäldern ihre Pferde festgemacht, also keinerlei Geheimtreff veranstaltet, eher ein Fest gefeiert. Eine dritte Version kommt der historischen Wahrheit vielleicht nahe. Sie berichtet, am Echterspfahl seien die Herrschaftsgrenzen dreier Gebietsherren im Spessart zusammengestoßen: Das Bistum Würzburg, die Grafen von Rieneck und die Echters von Mespelbrunn. Immer, wenn es Grenzstreitigkeiten beizulegen galt, seien Abgesandte der hohen Herren am Echterspfahl zu Verhandlungen zusammengetroffen.

Eine kleine Wanderung führt vom Echterspfahl her einmal rund um den „Jockel", wie die Gegend auch genannt wird. Laut Wandertafel am Parkplatz soll der Weg mit dem Zeichen „Grüner Baum" markiert sein. Doch fehlt es hier im Wald. Der Wanderer folgt deshalb streckenweise der „15". Die leitet vom Wanderparkplatz gleich schräg rechts auf schmalem Pfad in tiefes Buschwerk hinein. Der Weg ist anfangs sehr beengt, zwingt zum gebückten Gang und zum Gänsemarsch. Das Gebüsch aber endet schon nach 400 Metern. Die gut erkennbare Route mit der „15" verläuft nun im hohen Buchenwald etwa parallel zur Landstraße Richtung Mespelbrunn.

Nach und nach nähert sich der Wanderer dieser Straße, bis er nach insgesamt 1 000 Metern seit dem Parkplatz an sie stößt. Sie wird hier – ohne Wegzeichen – überquert. Drüben geht's an der Weggabel schräg links auf grobem Schotter weiter, anfangs leicht bergan. Nach 300 Metern ist eine kleine Anhöhe im Wald erreicht. Der Weg wird eben, führt auch wieder leicht hinab. Einen halben Kilometer weiter geht der bisherige Buchenwald in dichten Fichtenhain über. Bald kommt von links ein Weg herauf. Nach weiteren 300 Metern endet die Route am „Eselsweg", der wie überall im Spessart so auch hier mit dem „E" markiert ist. Nun findet sich auch wieder die „15", die zwischendurch gefehlt hatte.

Linker Hand am Waldrand steht ein hölzernes „Fliegerkreuz". Eine Tafel beschreibt, dass hier am 2. November 1932 ein Münchner Beamter beim Absturz seines Flugzeugs zu Tode gekommen sei. Am Kreuz steht eine Ruhebank. Der restliche Teil der kurzen Wanderung führt mit der „15" auf dem Eselsweg rechts zurück und wieder dem Echterspfahl zu. Dort liegt beim „Gasthaus Echterspfahl" ein kleiner Spielplatz mit zwei Rutschen und einer Schaukel.

Dann ist da noch eine weitere Geschichte. Sie hat nicht direkt mit dem Echterspfahl zu tun. Wohl aber mit dem „Jockel". Da war vor bald 200 Jahren ein Pfarrer verklagt worden, weil er einen beim Jockel schwer Verunglückten nicht rechtzeitig mit den Sterbesakramenten versehen hatte. Doch den zu spät gekommenen Pfarrer traf letztlich keine Schuld. Der Bote nämlich, der ausgeschickt worden war, den Geistlichen zu holen, war zur Schule geeilt statt ins Pfarrhaus. Dort hatte er von dem Unglück erzählt. „So geht's", soll der Pfarrer geklagt haben, als er endlich am Jockel ankam, „wenn man Esel schickt".

Und wieso heißt die Gegend „Jockel"? Da soll vor Zeiten mal ein kurfürstlicher Leibjäger mit Namen Jocken aus lauter Übermut nach den Pferden eines Müllers aus Wintersbach geschlagen haben, der am Gasthaus „Zum Hochspessart" in Rohrbrunn rastete. Eins der Zugpferde trat den Jäger daraufhin, so dass dieser in den Morast geschleudert wurde. Den erzürnte dies dermaßen, dass er sich des Müllers Pferd griff und mit ihm solange durch den Wald hetzte, bis es tot zusammenbrach. Der Kurfürst, der davon bald erfuhr, versetzte den Jäger zur Strafe an den einsamen Echterspfahl und verurteilte ihn, dem Müller alljährlich ein Bußgeld zu zahlen. Seither wird die stille Gegend um den Echterspfahl auch der „Jockel" genannt.

Der Weg zum Echterspfahl:
Der Wanderparkplatz Echterspfahl liegt unweit des Autobahnanschlusses 63 „Weibersbrunn" an der Staatsstraße 2312 Aschaffenburg – Marktheidenfeld.

Weglänge: 3 km, nicht anstrengend, nur im Wald

Einkehren: Gasthaus Echterspfahl mit Biergarten
an der B 8
63879 Weibersbrunn
Telefon 0 60 94/3 26
montags Ruhetag

Geld oder Leben oder ein Räuberschnaps

Mit Rollstuhl und Kinderwagen oder sportlich zu Fuß

Der Flusslauf der Hafenlohr hat im bayerischen Teil des Spessart eins der reizvollsten Täler des ganzen Waldgebirges angelegt. Noch ist hier die Natur fast völlig sich selbst überlassen. Eine einzige, nur wenig befahrene Straße verläuft auf der Nordseite des Flusses. Im Süden gibt's nur Waldwege. Die Hafenlohr selbst schlängelt sich im Talgrund hin, vorüber an ein paar einsamen Weilern, die gelegentlich nur aus einem einzelnen Gehöft, einer Gastwirtschaft, einer Forellenzucht bestehen. Dennoch scheint dies schöne Tal bedroht.

Seit bald 30 Jahren schon werden in Behörden und Ämtern Pläne gewälzt, ein Teilstück des lang gestreckten Talzugs mit einer Staumauer abzuschließen und in einen Trinkwasserspeicher umzuwandeln. Von vielen Seiten ist dagegen protestiert worden. Große Tafeln an den Straßen längs des Hafenlohrtals künden von der Bedeutung, die der Flusslauf der Hafenlohr und seine Uferbereiche für die Ökologie des gesamten Spessart haben. Der Bund Umwelt und Naturschutz Deutschland (BUND) ruft dazu auf, die Stauseepläne fallen zu lassen. Bis heute ist er nicht sicher, ob er Erfolg hat.

Am Oberlauf der Hafenlohr, wo der „Weibersbach" vom Dörfchen Weibersbrunn her einmündet, verläuft im Wald am Südhang des Tals ein fester Waldweg, gut geeignet für Spaziergänge oder auch kleine Wanderungen mit Kinderwagen oder Rollstuhl. Er ist in großen Abständen mit dem Wegzeichen „Rollstuhl" markiert. Vom Parkplatz zwei Kilometer östlich Weibersbrunn her führt der Weg fast ausschließlich sacht bergab, kaum mal bergauf. Zurück geht's auf demselben Weg. Wie weit der einzelne wandern will, entscheidet er folglich selbst.

Allerdings kann, wer ohne Rollstuhl oder Kinderwagen unterwegs ist, aus dieser Tour eine sportlich ambitionierte Rundstrecke machen. Dazu wandert er zunächst oberhalb des Weibersbach, dann der Hafenlohr entlang auf dem Rollstuhlweg immerzu in den Wald hinein. Nach zwei Kilometern liegt rechts am Weg eine kleine Lichtung. An ihrem Rand dämmert eine betagte Ruhebank samt hölzernem Tisch ihrem natürlichen Ende entgegen. Rund 500 Meter weiter kommt von rechts ein fester Weg herunter. Ihn führt, anfangs mit durchaus kräftiger Steigung, der Rundweg – ohne Kennzeichnung – hinauf.

Dieser Weg ist nun in der Tat nicht mehr für Rollstuhl und Kinderwagen geeignet. Selbst der schlichte Fußwanderer muss schon mal tief durchatmen. Nach 700 Metern zweigt die Wanderung erneut rechts ab und immer noch ziemlich bergan. Die Wegmitte ist hier nun grasbewachsen. Durch mehrere relativ enge Kurven zieht er sich stets am Berghang hin. In Abständen von 400 bis 500 Metern folgen immer mal wieder kleinere Anstiege, bis nach einer Gesamtstrecke von sechs Kilometern von links rückwärts ein Schotterweg einmündet. Auf ihm läuft die Wanderung nun gradaus weiter und ständig nur noch bergab. Am Wegende nach 200 Metern noch mal rechts und hinunter, bis nach einer Wanderung von alles in allem von knapp sieben Kilometern der Parkplatz wieder erreicht ist.

Der Weg zum Ausgangspunkt:

Aus Weibersbrunn – nah der Anschlussstelle 63 „Weibersbrunn" der Autobahn Würzburg – Frankfurt – auf der Staatsstraße 2308 in östlicher Richtung hinaus. Nach einem Kilometer an der Einmündung in die Staatsstraße 2317 links Richtung Hafenlohr, nicht rechts nach Rohrbrunn. Nach weiteren 400 Metern, bevor die Straße in einer Linksbiegung auf die Brücke über den Weibersbach einschwenkt, geradeaus auf den Wanderparkplatz rechts der Straße.

Weglänge:	7 km
Auskunft:	Gemeindeverwaltung Weibersbrunn
	Jakob-Groß-Straße 20
	63879 Weibersbrunn
	Telefon 0 60 94/5 15
Einkehren:	in Weibersbrunn

Im Tal der Hafenlohr nahe Weibersbrunn

An der Quelle sitzen

Gut 3 000 Meter westlich des Spessartdörfchens Weibersbrunn hat das Flüsschen Elsava seinen Ursprung. Durch Mespelbrunn und Heimbuchenthal strömt es in südlicher Richtung auf Eschau zu. Unterwegs nimmt es den Dammbach auf und ein paar kleinere Nebenbäche. Schließlich mündet die bis dorthin zum ansehnlichen Fluss herangewachsene Elsava in Elsenfeld gegenüber Obernburg in den Main.

Die Elsava, sagen sie in Mespelbrunn, hat ihren Namen von der „Elsbeere", einer nahen Verwandten der Eberesche, auch Vogelbeere genannt. Die Elsbeere ist zwar in Deutschland heimisch, gehört aber doch zu den selteneren Baumarten. Sie wird 10 bis 15 Meter hoch, wächst gern auf kalkhaltigem Boden. Ihre Blätter sind tief eingeschnitten, ähnlich dem Ahorn. Die Blüten sind weiß. Die Früchte schmecken säuerlich. Früher wurden sie dem Bier als Würze zugesetzt. Verwandt mit der Elsbeere ist der Speierling.

Die Elsava-Quelle hinterm Kaltenberg nordöstlich Mespelbrunn ist ein herrlicher, stiller Ort. Ihr Wasser strömt unmittelbar aus dem Berg. Der Stein über dem Ursprung des Flüsschens trägt den Namen „Elsava-Quelle". In zwei, drei kleinen Windungen enteilt das Wasser, verschwindet im Gebüsch. Ein paar Bänke stehen in der Nähe. Obwohl der Name der Quelle in Stein gemeißelt ist, geben ihm Kartographen gern eine andere Bezeichnung. „Spring-Brunn-Quelle" setzen sie in die Landkarte. Nahebei liegt die „Kalte-Brunn-Quelle". Und der Elsava führt in ihrem oberen Teil den Namen „Kaltenbach". Erst im Ort Mespelbrunn gestehen sie dem Flüsschen den Namen Elsava zu. Solche Namenssprünge kommen im Spessart gelegentlich vor (siehe Kapitel 15 „Mühlental").

Gut ist's, erst am Abend zur Quelle zu kommen, im Sommer vielleicht am Ende eines heißen Tags, um einfach nur dazusitzen, dem endlos fließenden Wasser zuzuschauen oder auch den Wasserläufern, die drüber hin huschen.

Der Weg Richtung Quelle führt vom Parkplatz an der Straße nach Weibersbrunn direkt in den Wald hinauf. Bald zeigt ein Wegweiser am Baum, dass die Richtung stimmt. Allerdings heißt es nun, ein wenig Obacht zu geben. Nach 600 Metern kommt von rechts rückwärts ein eher unscheinbarer Pfad heran. Der läuft direkt zur Quelle. Bald bestätigt ein weiterer Wegweiser die korrekte Richtung. Nun noch einmal knapp 200 Meter, und der Wanderer hört rechts unten im Grund die hier erst noch winzige Elsava plätschern.

Der Rückweg kann nun verlaufen wie der Herweg. Oder der Wanderer macht sich's ein wenig schwerer, aber auch spannender. Dann folgt er der Elsava auf dem rechten Ufer in den Wald. Bald stößt er auf einen Wildzaun, dabei ein Grenzstein mit der Nummer 41. Der nächste Stein ist von hier bereits zu sehen. Nun dorthin und damit etwas hangabwärts. Dort geht der Blick im rechten Winkel hangaufwärts. Der dritte Grenzstein ist droben zu erkennen. Über ihn ist nach weiteren 15 Metern der frühere Waldweg erreicht. Auf dem nun links hinunter und bald zurück zum Parkplatz.

Der Weg zum Parkplatz:
Aus Mespelbrunn nach Nordosten hinaus Richtung Autobahnanschluss „Weibersbrunn". Genau 1 600 Meter nach dem Ortsendeschild Mespelbrunn liegt auf der rechten Straßenseite ein Parkplatz. Dort setzt der kleine Ausflug zur Elsava-Quelle ein.

Weglänge:	1,5 km
Auskunft:	Fremdenverkehrsverein Mespelbrunn siehe Kapitel 18
Einkehren:	in Mespelbrunn

Unterm Stein kommt die Elsava hervor

Des Spessarts Erzwilddieb

Ein außergewöhnliches Stück Spessartgeschichte hat Johann Adam Hasenstab geschrieben. Des „Spessarts Erzwilddieb" nennen ihn bis heute die Menschen im Waldgebirge. Auch jedes Kind, das dort aufwächst, weiß vom Wilddieb Hasenstab. Dies, obwohl der wilde Jäger schon seit mehr als 200 Jahren nicht mehr lebt und nicht mehr jagt. Seine Abenteuer, zu seiner Zeit oft als Heldentaten bewertet, werden immer noch erzählt. Viele Geschichten laufen um über Hasenstab, die Volksgut geworden sind. In manchen Erzählungen ist kaum mehr zu unterscheiden, ob sie historisches Geschehen wiedergeben, ob Sage oder Legende, ob erfunden und erdacht.

Hasenstab, soviel jedenfalls ist erwiesen, kam am 21. September 1716 in Rothenbuch, mitten im Spessart gelegen, zur Welt. Das Dorf war damals der wichtigste Ort im kurmainzischen Teil des Waldes. Von hier aus veranstalteten die Kurfürsten mehrmals im Jahr ihre großen Hofjagden (siehe Kapitel 14 „Hundsrückkopf"). Hasenstabs Eltern waren der Holzknecht Christof Hasenstab und dessen Ehefrau Ursula. Die Vorfahren hatten immer als Jäger und Waldarbeiter in Diensten der Kurfürsten von Mainz gestanden. So lag nahe, dass auch der Sohn Johann Adam dort Arbeit fand. Er diente als Jagdgehilfe, wurde Pirschknecht, hatte sich um die Jagdhunde der Kurfürsten zu kümmern.

Das ging, wie Forstmann Heinz Staudinger in seiner Hasenstab-Biographie überliefert, nicht lange gut. Hasenstab, der mit dem kargen Lohn eines Gehilfen nicht zurechtkam, baute sich ein „Nebengeschäft" auf. Er stellte Fallen in den Wald, verlegte sich auf eine anfangs wohl bescheidene Form der Wilderei. Der Frevel flog auf. Hasenstab floh aus kurmainzischem Territorium hinüber in die fränkische Grafschaft Wertheim. So entging er vorerst der Strafe durch den Kurfürsten. Er wurde für einige Zeit Klosterjäger bei den Bronnbacher Zisterziensern im Taubertal.

Doch bald kehrte er in den Spessart zurück, in dem er schließlich zu Hause war, in dem er sich auskannte wie kaum ein zweiter. Nun aber zog er nicht mehr allein durch die Wälder. Er sammelte Gleichgesinnte um sich, bildete eine richtige Bande von Wilderern. Der Schaden, den er und seine Kumpane den Mainzer Kurfürsten zufügten, war sicher enorm. Denn Hasenstab betätigte sich als eine Art Großhändler. Er „belieferte" einen mehr oder weniger festen Kundenstamm, unter ihnen Landwirte, Gastwirte, hin und wieder ein Kirchendiener wie jener Prior in der Kartause Grünau (siehe Kapitel 9 „Kartause Grünau"). Auch auf Bestellung arbeitete Hasenstab.

Die Leute im Wald standen auf seiner Seite. Niemand verriet ihn. Selbst als er für vogelfrei erklärt war, ihn also jedermann ungestraft hätte festnehmen, gar erschießen dürfen, geschah ihm von den Wald-bewohnern nichts. Die Menschen sahen in Hasenstab einen Streiter für ihre eigene Sache und gegen die hohen Herren in Mainz. Zudem verminderten die Wilderer den Wildbestand. Damit zugleich verrin-gerten sich die Schäden, die das Wild auf den Feldern der Spessart-bauern anrichtete. Kurz: Hasenstab stieg zum Helden der kleinen Leute auf, zu einer Art Robin Hood im Spessart. Wilderei galt weit-hin als Notwehr gegenüber der Mainzischen Herrschaft.

Nach Jahren der Jagd auf den Wilderer wird Hasenstab ums Jahr 1757 gefangengenommen, in Mainz vor den Richter gestellt, zu Zwangsarbeit verurteilt. Doch bald gelingt ihm die Flucht. Er nimmt die Wilderei wieder auf, kann sich bis 1770 seinen Häschern entzie-hen. Dann wird er in Aschaffenburg eingesperrt, verurteilt und zu le-benslanger Verbannung nach Australien verschickt. Ob er dort je an-gekommen ist, lässt sich nicht feststellen. Jedenfalls ist Hasenstab im Jahr 1772 schon wieder im Spessart unterwegs, jagt und wildert aufs neue. Alles in allem macht der Mainzer Kurfürst mittlerweile wohl ein Vierteljahrhundert hindurch Jagd auf den Erzwilderer.

Das Ende kommt, als Johann Sator kurfürstlicher Jagdaufseher in Bischbrunn wird. Schon Sators Vater hatte Hasenstab gejagt. Nun will der Sohn die Ordnung im Wald wiederherstellen. Am 3. Juni 1773 trifft er den Wilddieb tödlich – in Notwehr. Hasenstab hatte zuerst geschossen, aber nicht getroffen. Weil der Wilderer sich immer wieder seinen Verfolgern entziehen konnte, galt er lange Zeit für un-verwundbar. Mancher glaubte, er könne sich unsichtbar machen, gar in einen Baumstamm verwandeln (siehe Kapitel 15 „Mühlental"). Deshalb hatte Jäger Sator eine silberne Kugel gießen lassen. Ein sol-ches Geschoss, sagt seit je der Volksglaube, verfehlt nie sein Ziel. Ha-senstabs Leben endete nah jenem Platz, an dem heute ein steinernes Kreuz mit den Buchstaben J.A.H.St. und der Jahreszahl 1773 an ihn erinnert. Aufgestellt haben es Freunde und Anhänger des Erzwilder-ers drei Kilometer westlich des Dorfs Schollbrunn im oberen Kropf-bachtal.

Hinweis:

Das Buch zu Hasenstab schrieb der Spessart-Forstmann Heinz Staudinger, Des Spessarts Erzwilddieb Johann Adam Hasenstab, Ein Buch über Jagd und Wilderei im Spessart, mit acht Zeichnungen von Kurt Bedal, Herausgeber ist der Naturpark Spessart, 2. Auflage 1999, Hinckel-Druck in Wertheim, 108 Seiten, 11,00 Euro

Rundwanderweg

„Auf den Spuren des Spessarter Erzwilddiebs Johann Adam Hasenstab" führt ein gut 60 Kilometer langer Rundwanderweg (mit und ohne Gepäck) durch den südöstlichen Spessart.

Auskunft: Gemeindeverwaltung Schollbrunn
        Zur Kartause 1
        97852 Schollbrunn
        Telefon 0 93 94/22 45

Von See zu See

Gleich zweimal steht der Name „Hafenlohr" in den Landkarten, die den Spessart aufzeichnen. Als Städtchen auf dem rechten Mainufer schräg gegenüber Marktheidenfeld. Denselben Namen aber trägt auch ein Fluss. Der hat seine Quelle im Dörfchen Rothenbuch droben mitten im dichten Spessartwald, seine Mündung im Main beim Ort Hafenlohr. Von einem Schiffshafen „Lohr" oder ähnlich aber hat weder das Dorf noch der Fluss den Namen. Er kommt allein vom Töpferhandwerk. Im Süden Deutschlands, auch in Österreich, wird Keramikware seit je als „Hafen" bezeichnet, egal, ob sie als Tontopf, als Schüssel oder Tasse daherkommt. Und das Dorf Hafenlohr ist von altersher bekannt für seine Keramikproduktion.

Im stillen Tal des Flüsschens Hafenlohr liegt, knapp 15 Kilometer nordwestlich des Ortes Hafenlohr, der „Eichensee". Er ist rundum von Buschwerk, Schilf und Röhricht eingefasst. Zum Baden ist das kleine Gewässer nicht geeignet. Wohl aber findet, wer aufmerksam schaut, einen verborgenen Zugang zum Wasser. Dort kann er sich ganz still hinhocken und die am und im Wasser lebende Tierwelt beobachten. Die Frösche, die sich vor Schreck beim Annähern erst mal mit übermütigem Kopfsprung ins Wasser gerettet haben, kommen bald zurück auf ihren angestammten Platz. Libellen schwirren mit seltsam ruckhaften Bewegungen umher. Ganz still ist es hier. Auf der Straße, die nah am See vorüberführt, herrscht kaum Verkehr.

An diesem abgelegenen Ort hat einst wohl auch eine handvoll Husaren Gefallen gefunden. Sie waren zwar ausgesandt worden, Johann Adam Hasenstab, den berüchtigten Spessartwilddieb (siehe Kapitel „Johann Adam Hasenstab"), zu fangen. Doch als sie an den Eichensee kamen, entschlossen sie sich – unter der Sommerhitze leidend – zu einem kühlenden Bad. Sie streiften die Uniformen ab und stiegen ins kühle Nass. Derweil kam Hasenstab vorbei und sammelte unbemerkt die außerhalb des dichten Schilfgürtels abgelegten Soldatenkleider ein. Später ritten die guten Husaren, was blieb ihnen übrig, splitterfasernackt ins nächstgelegene Dorf, nach Rothenbuch.

In den Eichensee mündet der „Mausbach". Beiderseits dieses bescheidenen Bächleins führen Wege in den Wald hinein und zu einem weiteren stehenden Gewässer, zum „Bomigsee". Der ist nun noch ein wenig kleiner als der Eichensee. Aber er ist leichter zugänglich, weil seine Ufer größtenteils frei sind von Bewuchs. Völlig einsam ruht der See tief drinnen im Wald. Auch er ist kein Badesee, wohl aber ein ansehenswertes Naturdenkmal. Gewiss können die müden Wanderfüße, wenn sie denn den Bomigsee erreicht haben, für einen Moment drin erfrischt werden. Eine Bank steht am See. Auch Baumstümpfe liegen umher, auf denen sich gut rasten lässt. Und die Fische im See vollführen Luftsprünge.

Der Weg zum Eichensee:
Der Eichensee liegt auf dem linken Ufer der Hafenlohr knapp vier Kilometer südöstlich des Dörfchens Rothenbuch oder sieben Kilometer östlich des Anschlusses 63 „Weibersbrunn" der Autobahn Würzburg – Frankfurt.

Weglänge:	4 km
Auskunft:	Gemeindeverwaltung Rothenbuch Schulstraße 4 63860 Rothenbuch Telefon 0 60 94/94 00 e-Mail poststelle@rothenbuch.bayern.de
Einkehren:	in Lichtenau
	Gasthaus Hochspessart montags Ruhetag Telefon 0 93 52/12 28 oder
	Gasthaus „Hoher Knuck" donnerstags Ruhetag Telefon 0 93 52/13 20

Der Eichensee im Hafenlohrtal

Mit Kurt Tucholsky im Hafenlohrtal

Kurt Tucholsky vermerkt in seinem kleinen Reisetagebuch: Lichtenau; Sonntag. „Bei uns dreien möpselt es heute heftig nach". Die Drei, das sind der Schriftsteller und Satiriker Tucholsky selbst sowie seine beiden Mitwanderer auf Spessarttour im Jahr 1927 „Karlchen" (Dr. Erich Danehl) und „Jakopp" (Hans Fritsch). Dass es bei ihnen, mehr wohl in ihnen, möpselt, kommt vom Wein. Von dem hatten sie am Vorabend, „um den Wirt von Lichtenau zu strafen, viele, viele Flaschen von allen Sorten getrunken".

Dass der Wirt Strafe, wohl auch Rache verdient hatte, begründet Tucholsky ausführlich, sprühend von Ironie und Satire, in seinem weinseligen Reisebrevier: Wir schmecken einmal, zweimal, dreimal. „Dieser Wein", sage ich alter Kenner, „schmeckt nach Sonne". – „Und nach dem Korken!" sagen die beiden andern gleichzeitig. Herr Wirt! Drohend naht er sich. Nun heißt's Mut gezeigt! Auf und drauf! „Herr Wirt ... es ist nämlich, also: probieren Sie mal den Wein!" – Er weiß schon, was ihm blüht. Und redet in Zungen, ganz schnell. „Wo ist der Korks? Erst muss ich den Korks haben! Zuerst den Korks!" Der „Korks" wird ihm gereicht – er beriecht ihn, er schnuffelt an der Flasche, er trinkt den Wein und schmeckt ab; man kann es in seinen Augen sehen, in denen seltsame Dinge vorgehen. Urteil: „Ich hab' gleich gesehen, dass die Herren keine Bocksbeuteltrinker sind! Der Wein ist gut." Berufung ... „Der Wein ist gut!" – Revision ... „...ist gut!" Raus.

Da sitzen wir nun, fährt das Tagebuch fort. Ein mitleidiger Gast, der bei dem Wirte wundermild zur Kur weilt, sieht herüber. „Darf ich einmal versuchen?" Er versucht. Und geduckten Rückens sagt dieser Feigling: „Meine Herren, der Wein schmeckt nicht nach dem Korken. Wenn er nach dem Korken schmeckt, dann möpselt es nach – !" Natürlich möpselt es. Wir hatten keine Ahnung, was das Wort bedeutet – aber es ging sofort in unseren Sprachschatz über. Jeder Weinkenner muss wissen, was „möpseln" ist. Aus Rache, und um den Wirt zu strafen, trinken wir ...

Das „Gasthaus im Hochspessart", in dem Tucholsky vom Möpseln erfahren hat, steht noch am selben Fleck im Tal der Hafenlohr. Nur nach hinten raus ist es erweitert worden. In der Gaststube, wo das Dreigespann seinen Steinwein gezecht hat, kann auch der heutige Besucher den Wirt noch „strafen". In der Toreinfahrt erzählen alte Bronzetafeln Geschichte und Lehrreiches: „Wer Gottes Furcht nicht übt, die Herrschaft ehrt und liebt, der wird also betrübt". Und im Gasthaus selbst bekommt der Wanderer für wenig Geld Tucholskys köstlichen Bericht über sein „Wirtshaus im Spessart", das für ihn im Weiler Lichtenau steht (siehe Kapitel „Das Wirtshaus im Spessart"). Bis ins frühe 19. Jahrhundert hinein war dies ein Gestüt der Kurfürsten von Mainz. Danach bauten die Gebrüder Rexroth aus dem Mainstädtchen Lohr dort ihre erste Eisenhammerschmiede, schufen damit den Vorläufer des heutigen Weltunternehmens.

Ein weiteres Gasthaus steht gleich nebenan, ein wenig abseits der Straße. Dort, in der Wirtschaft „Hoher Knuck", war, lange ehe Tucholsky nach Lichtenau kam, der Wilddieb Johann Adam Hasenstab (siehe Kapitel „Johann Adam Hasenstab") zu Gast. Der verkleidete sich, wird erzählt, als Knuck-Wirt, um einen Junker des Kurfürsten von Mainz zu foppen. Der tatendurstige junge Mann nämlich wollte sich die Belohnung verdienen, die auf Hasenstabs Kopf ausgesetzt war. Der Wilderer aber, der seine Bande im Haus versteckt hatte, machte den Junker erst betrunken, gab sich dann zu erkennen, nahm dem Gast das Gewehr ab und schickte ihn heim.

Eine kleine Rundwanderung kann am Weiler Einsiedel beginnen, sechs Kilometer von Lichtenau entfernt an der Straße Richtung Marktheidenfeld. Grad 50 Meter hinter der südlichen Ortstafel Einsiedels führt die Wanderwegmarkierung „Roter Schrägbalken" nach links auf einem Weg von der Straße fort. Eine Brücke überquert 400 Meter später die Hafenlohr. Klares Wasser sprudelt über moosbewachsenes Geröll im flachen Flussbett. Nach weiteren 400 Metern begleitet den Wanderer auf der rechten Seite eine schöne Reihe alter Kastanien. Es folgen ein paar Forellenteiche, dann – nach insgesamt anderthalb Kilometern Wanderung – der Weiler „Lindenfurterhof". Hier knickt die weitere Route sogleich nach links um und läuft auf festem Weg in den Wald hinauf. Dort folgt sehr bald das Wanderzeichen „Roter Ring" zum „Forsthaus Aurora". Einen halben Kilometer nach diesem Wegweiser führt der Waldweg eine scharfe, ansteigende Rechtsbiegung aus. Links am Weg steht ein Schild „Tempo 30". Dort nun links auf dem eben weiterlaufenden Weg, nicht mit der Kurve hinauf.

Nach weiteren 500 Metern geht's an der Weggabel mit den zwei star-ken Eichen gradaus leicht bergab. Nicht lange dauert es, dann trifft der Weg wieder auf die Hafenlohr. Rund 300 Meter danach führt eine Brücke beim Weiler Einsiedel über den Bach. Die Wanderung durchquert einen Hof, läuft oben auf der Straße links und zurück zum Parkplatz.

Der Weg nach Lichtenau:

Der Weiler Lichtenau liegt an der Kreisstraße 26 etwa auf halbem Weg zwischen Hafenlohr am Main und dem Spessartdorf Rothenbuch. Für die Wanderung zwischen Einsiedel und Lindenfurterhof kann das Auto auf einem kleinen Parkplatz 250 Meter nach dem Ortsschild Einsiedel Richtung Hafenlohr abgestellt werden. Die Wanderung mit dem Roten Schrägbalken beginnt dann 200 Meter zurück Richtung Einsiedel.

Weglänge:	3,8 km
Einkehren:	siehe Kapitel 23

Im Hohen Knuck foppte Hasenstab seine Häscher

Die Angst im Nacken

Eine Reise durch den Spessart war in früher Zeit beschwerlich, gelegentlich gar eine einzige Strapaze. Nicht allein der Räuber wegen, die oft und zahlreich an den Strecken warteten, auf denen Postkutschen und Frachtfuhrwerke verkehrten (siehe Kapitel „Die Spessarträuber"). Auch die Wege selbst (siehe Kapitel 42 „Wachhütte"), die durchs weite Waldgebiet führten, ließen eine Fahrt im Reisewagen auf den bis weit ins 18. Jahrhundert hinein unbefestigten Wegen zu einem problematischen, nicht selten lebensgefährlichen Unternehmen werden. Oft genug blieb der Wagen im Morast stecken, oder es brachen ein Rad, eine Achse, die Deichsel. Vom Sturm gefällte oder aus Altersschwäche umgestürzte Bäume versperrten den Weg. Die meist ungefederten Fuhrwerke rumpelten und schaukelten über die Fahrwege, dass die Reisenden im Innern hin- und hergeworfen wurden, sich dabei auch manch blauen Fleck holten.

Unter solchen Umständen wundert sich kaum jemand über jenen Nürnberger Kaufmann, der auf einer seiner Reisen durchs Waldgebirge gestöhnt und gebetet haben soll: „Lieber Gott, du hast mir aus dem Mutterleibe geholfen, du wirst mir auch über den Spessart helfen". Ob es gelungen ist, lässt sich nicht mehr feststellen. Wohl aber ist ein anderer Reisender wohlbehalten rübergekommen. An ihn erinnert am „Steinknückel" südwestlich der Ortschaft Bessenbach das „Posthalterkreuz". Das hatte, als im Dorf Straßbessenbach noch eine offizielle Thurn und Taxis'sche Poststation lag, der dortige Posthalter aufrichten lassen – als Dank dafür, dass er die Reise durchs Waldgebirge heil hinter sich gebracht hatte.

Das steinerne Kreuz steht noch heute im Wald bei Bessenbach. Ein kurzer Ausflug dorthin macht deutlich, welch schwierige Wege die Fuhrwerke früher zu nehmen hatten und dass dem Reisenden auf einer solchen Tour schon mal die Angst im Nacken sitzen konnte. An der Schutzhütte am Ende der „Friedhofstraße" im Bessenbacher Ortsteil Straßbessenbach setzt die kleine Wanderung ein. Vom Kruzifix an der Straße mit den zwei Bänken drunter läuft sie auf Asphalt mit einer Linkskurve leicht bergan.

Nach 200 Metern liegt rechts des Sträßchens im Waldrand eine Mariengrotte. Ein schlichter, im Stil der Volksfrömmigkeit verfasster Text in Versform erklärt die denkwürdige Gewohnheit der Menschen im Frankenland, die Madonnennischen an ihren Häusern mit einem kleinen Lämpchen auszustatten. Am Weg stehen Ruhebänke, von denen ein schöner weiter Blick ausgeht über Bessenbach und die Höhen und Wälder jenseits des Dorfs.

Gleich nach der Grotte führt der Weg innerhalb des Waldrands weiter und bald darauf durch eine offene Schranke auf festem Weg erneut bergan. Gut 500 Meter nach der Mariengrotte folgt eine scharfe Wegbiegung. Dort nun läuft die Wanderung geradeaus weiter mit dem Wegzeichen „Rotes Dreieck" und gelangt nach knapp 200 Metern zum Kompostplatz der Gemeinde Bessenbach. Das verrottende Grünzeug lagert unterhalb einer mächtigen, sehenswert schön ausgeformten natürlichen Sandsteinwand.

Einen Kilometer lang steigt der Weg vom Kompostplatz her ständig bergan bis zu einer weiteren Schranke mit einer Bank dabei. Ein Wegweiser zeigt die Richtung „Zum Posthalterkreuz". Dort hinauf und noch 200 Meter, wo ein weiterer Wegweiser nach links zeigt. Auf der vorausliegenden Höhe ist das Sandsteinkreuz zu erkennen. Eine kleine Zeittafel beim Kreuz erinnert daran, dass im Kriegsjahr 1812 das Kruzifix gestohlen wurde. Im Jahr 1860 wurde es wiedererrichtet. Restauriert wurde das Ganze nach seinem Einsturz 1990. Vier Ruhebänke stehen am Rand des kleinen Platzes ums Kreuz.

Der Rückweg führt links am Kruzifix vorüber und erst mal ziemlich bergab. Am ersten querenden Weg geht's links weiter wieder mit dem Zeichen „Rotes Dreieck". Auf dieser Route mag der Posthalter gereist sein und während der Talfahrt Angst und Schrecken ausgestanden haben. Die Pferde mochten plötzlich scheuen und durchgehen, den umgestürzten Wagen hinter sich herziehend. Die Bremsen mochten versagen, der Postwagen den Abhang hinunterstürzen. Grund genug für den Posthalter, sich nach glücklich beendeter Reise mit dem Kreuz zu bedanken. Nach 1 000 Metern endet dieser Weg an jenem Schotterweg, der zuvor zum Posthalterkreuz hinaufgeführt hatte. Hier nun aber rechts hinunter, wieder über den Kompostplatz und nacheinander durch die beiden Schranken zurück zur Mariengrotte und danach zum Ausgangspunkt der kleinen Runde.

Der Weg zur Schutzhütte:
Die Friedhofstraße im Bessenbacher Ortsteil Straßbessenbach bis zum Ende hinauf. Dort liegt ein großer freier Platz, der „Burschenplatz", mit der Hütte drauf und einer Grillstelle daneben. Vor Nutzung der Grillstelle, bitte, die Gemeindeverwaltung um Erlaubnis fragen unter Telefon 0 60 95/97 11 18.

Weglänge:	4 km
Auskunft:	Gemeindeverwaltung Bessenbach
	Ludwig-Straub-Straße 2
	63856 Bessenbach
	Telefon 0 60 95/97 11 20
	Telefax 0 60 95/97 11 30
	e-Mail gemeinde@bessenbach.de
	Internet www.bessenbach.de
Einkehren:	in Bessenbach und seinen Ortsteilen

Das Posthalterkreuz überm Steinknöckel

26 Das Spessartmuseum in Lohr am Main

Schneewittchens Schloss

Schneewittchen musste weite Wege gehen und viele Treppen steigen in ihrem Lohrer Schloss. Falls das unglückliche schöne Kind denn, wovon die Menschen im Mainstädtchen Lohr heute allerdings überzeugt sind, tatsächlich dort gewohnt hat (siehe Kapitel 27 „Lohr am Main"). Das Schloss schaut schon aus, als könne drin ein Märchen, ein trauriges in diesem Fall, gespielt haben. Trutzigfinster einerseits, zugleich aber auch verspielt-romantisch. Es war das Schloss der Grafen von Rieneck und ist jetzt das „Spessartmuseum".

Der Besucher muss heute dieselben langen Wege tun, die auch Schneewittchen einst zurückzulegen hatte. Über vier Stockwerke und 40 größere und kleinere Räume sind die 12 000 Ausstellungsstücke des Museums gestreut. Das Thema hat der Sammlung ihre nächste Umgebung aufgetragen, der Spessart. An diesem größten zusammenhängenden Laubwaldgebiet Deutschlands stellt das Museum das Verhältnis von Mensch und Wald dar, wie dies sich in früheren Jahrhunderten entwickelt hat und wie es sich heute noch gestaltet.

Das hört sich wissenschaftlich, folglich trocken, kaum spannend, eher langweilig an. Ist es aber durchaus nicht. Der Besucher muss sich nur Zeit lassen und in den vielen Räumen sich in die Einzelheiten vertiefen. Er kommt zu den Spessarträubern und findet eine Gefängniszelle aus früher Zeit. Übers Spessartglas und seine Herstellung erfährt er Neues. Natürlich vieles auch über den Wald, schließlich über die Menschen im Spessart, ihre Berufe und ihre Gewohnheiten und ihr einst karges Dasein. „Die Not im Spessart ist groß!" berichtete noch vor 150 Jahren der Berliner Arzt Rudolf Virchow.

Und wenn der Schlossbesucher weit genug nach oben gestiegen ist, kommt er auch in Schneewittchens Zimmer. Dort lernt er, wie denn Schlossherren einst gewohnt haben. An der Wand hängen die Porträts des Freiherrn Christoph Philipp von Erthal und seiner Frau Maria Eva. Sie sind nach Lohrer Lesart Schneewittchens Eltern. Auch eine Figurengruppe wird hier unter Glas aufbewahrt: „Schneewittchen und die sieben Zwerge". Sogar Schneewittchens Schuhe, die es auf der Flucht vor der bösen Stiefmutter zerschlissen hat, findet der Gast in diesem Schlosszimmer.

Ein Stockwerk höher, im Turmzimmer 215, ist ein Spiegelkabinett eingerichtet. Solche Räume unterhielten die adligen Herrschaften früher gern in ihren Wohnsitzen. Dort hängt in Lohr der „sprechende Spiegel", den Schneewittchens böse Stiefmutter Claudia Elisabeth von Erthal immer wieder nach der „Schönsten im Land" befragte. Der Spiegel spricht nicht mehr. Aber er äußert sich noch über eine Inschrift, allerdings auf Französisch: „Pour la peine et pour la récompense – amour propre", zu Deutsch „Eigenliebe – zur Strafe und zur Belohnung".

Schloss:
Schlossplatz 1, 97816 Lohr am Main

Weglänge:	Im Schloss über Treppen, Stiegen, verwinkelte Gänge durch 40 Räume und vier Stockwerke.

Öffnungszeiten: dienstags bis samstags 10.00 – 12.00 Uhr
und   14.00 – 16.00 Uhr
sonn- und feiertags   10.00 – 17.00 Uhr

Auskunft: Spessart Museum
Telefon 0 93 52/20 61
Telefax 0 93 52/7 02 95
e-Mail tourismus@lohr.de

Main-Spessart
Informationszentrale für Touristik
Marktplatz 8
97753 Karlstadt
Telefon 0 93 53/79 32 34
Telefax 0 93 53/79 38 52 34
e-Mail tourismus@lramsp.de
Internet www.mainspessart.de

Einkehren: Gasthäuser in Lohr

Hinweis:
In der Sendelbacher Straße steht das Schulmuseum der Stadt Lohr mit 3 000 Ausstellungsstücken in 80 Vitrinen, zwei vollständig eingerichteten Klassenzimmern und einer Lehrerwohnung.

Öffnungszeiten: mittwochs bis sonntags 14.00 – 16.00 Uhr

Auskunft: Schulmuseum
Sendelbacher Straße 21
97816 Lohr am Main
Telefon 0 93 52/49 60

In Schneewittchens Märchenschloss

So könnte es gewesen sein ...

„Spieglein, Spieglein an der Wand, wer ist die Schönste im ganzen Land?" Die Märchen sammelnden Brüder Grimm lassen Schneewittchens böse Stiefmutter diese Frage stellen. „Ihr, Frau Königin," antwortet bekanntlich der Spiegel, „Ihr seid die schönste im Land, aber Schneewittchen bei den sieben Zwergen hinter den sieben Bergen ist noch hundertmal schöner als Ihr". Die Königin rast wieder vor Wut und Zorn. Sie befragt den Spiegel Tag für Tag, und der hat immer nur dieselbe Antwort. Ein Glück, dass Schneewittchen der Stiefmutter rechtzeitig entkommen ist – vorerst jedenfalls. Denn die plante Fürchterliches.

Einen weiten Weg hat das unglückliche Kind hinter sich gebracht auf seiner Flucht, ehe es hinter den Bergen bei den sieben Zwergen Aufnahme und Hilfe fand. Im Städtchen Lohr am Main (siehe Kapitel 26 „Lohr am Main"), schon am östlichen Rand des Spessart, hat Schneewittchens Flucht begonnen. So haben es die Lohrer über langwieriges Nachdenken und nach eingehendem Quellen- und Landschaftsstudium herausgefunden. Von Lohr aus ist das Kind über die sieben Berge geflohen. Zuerst in westlicher Richtung, dann nach Norden auf die Burg Bardenstein zu. Von dort im weiten Bogen um den Markt Frammersbach herum und dann lange Zeit immerzu in nordwestlicher Richtung. Nach schier endlosen 35 Kilometern langte das Mädchen, „weiß wie Schnee, rot wie Blut, schwarz wie Ebenholz", im Bergleutestädtchen Bieber an.

Das alles haben die Lohrer sorgfältig recherchiert. Und noch mehr haben sie in ihren Forschungen entdeckt. Sie wissen jetzt sogar, wer Schneewittchen war. Im Jahr 1729 wurde es als Maria Sophia Margaretha Catharina von Erthal im Schloss der einstigen Grafen zu Rieneck in Lohr am Main geboren. Ihr Vater war der Freiherr Philipp Christoph von Erthal. Die Mutter Maria Eva starb bald nach Schneewittchens Geburt. Claudia Elisabeth, verwitwete von Venningen, die nun den Witwer von Erthal heiratete, wurde Schneewittchens böse Stiefmutter. Als Hochzeitsgeschenk erhielt sie den sprechenden Spiegel, der in der Lohrer Glasmanufaktur hergestellt worden war.

Dies alles nehmen die Lohrer sehr ernst. Oder vielleicht doch nicht so ganz? Im Schloss von Lohr, Schneewittchens Geburtshaus also, das heute noch steht, erfährt der Besucher nach einigem Umherfragen Näheres. „Wenn Schneewittchen wirklich gelebt hat", erzählen sie dort, „dann hat es in diesem Schloss gelebt". Im Ort Bieber hätte es tatsächlich Zwerge treffen können. Denn dort wurde seit langem schon Bergbau betrieben, Lieblingsbeschäftigung der kleinen Wichte seit je. Zudem gelten die Menschen im Spessart ohnehin schon immer als kleinwüchsig, was dem Beruf des Bergmanns entgegenkam. Ein Problem allerdings ist nicht gelöst. „Schneewittchen war blind", sagen sie im Lohrer Schloss, das heute Museum ist, „weil es an den Röteln erkrankt war". Wie hätte ein blindes Mädchen allein den Weg über die sieben Berge finden sollen? So ist Schneewittchen denn vielleicht doch nicht über die sieben Berge geflohen? Vermutet wird auch, es sei schon früh in ein Damenstift eingetreten. „Vielleicht", ruft's vom Schloss dem Gast hinterher, „hat es ja dort seinen Prinzen gefunden".

Zweifel am Lohrer Schneewittchen kommen in der Kleinstadt am Main jedenfalls nicht auf. Schließlich begegnet das schöne Kind den Menschen dort noch heute alljährlich zum Frühlingsfest in den Altstadtgassen rund ums Rathaus. Die sieben Zwerge sind immer dabei. Und alljährlich am ersten Samstag im Oktober brechen Scharen von Wanderern aus Lohr heraus auf, um auf Schneewittchens Fluchtweg über die sieben Berge zu den sieben Zwergen nach Bieber zu ziehen – vorbei an der verschlossenen Kapelle, in der die Fliehende keinen Schutz fand, hinauf zur Burg Bardenstein, wo sie vergeblich Unterschlupf suchte, hinüber zur Waldhütte Weidmannsruh, in der sie der Jäger ermorden sollte.

Noch weitere Beweise nötig? Im Lohrer Schloss hängt bis heute der Spiegel, den die böse Stiefmutter täglich befragte. Doch spricht er nicht mehr. Er äußert sich nur noch auf Französisch über eine Inschrift: „Pour la peine et pour la récompense – amour propre", zu Deutsch „Eigenliebe – zur Strafe und zur Belohnung". Und auch Schneewittchens zerschlissene Fluchtschuhe sind schließlich gefunden worden – beim Aufräumen im Schloss vor einigen Jahrzehnten. In stillen Stunden aber gehen die Lohrer in sich und begrübeln ihre Sicht der Geschichte um Schneewittchen. Dann geraten sie schon mal ins Träumen und ersetzen den Grimmschen Märchenanfang „Es war einmal ..." mit der Lohrer Wendung „Es könnte einmal gewesen sein ..." Schon passt eins zum andern. Wie schön!

Schneewittchens Fluchtweg:
Er beginnt am Lohrer Schloss und ist durchgehend markiert mit dem Wegzeichen „Schneewittchen und die sieben Zwerge" in schwarzer Farbe auf weißem Untergrund. Die Tourist-Information hat eine kostenlose Begleitbroschüre zum Schneewittchenwanderweg.

Weglänge: 35 km

Hinweis:
Für die Rückkehr von Bieber nach Lohr am Ende der Wanderung gibt's keine öffentliche Verkehrsverbindung. Wanderer brauchen also zwei Pkw. Einen stellen sie vor Wanderbeginn am Ende der Strecke ab.

Auskunft: Tourist-Information Lohr am Main
                       Schlossplatz 5
                       97816 Lohr am Main
                       Telefon 0 93 52/51 52 oder 1 94 33
                       Telefax 0 93 52/7 02 95
                       e-Mail tourismus@lohr.de
                       Internet www.lohr.de

Einkehren: Gasthäuser in Lohr und längs des Flucht-
                       wegs

Schneewittchen und die elf Zwerge in Lohr

Kein Echo im Kalten Grund

Wanderer, so sie gut zu Fuß sind und zügig ausschreiten können und wollen, durcheilen den „Kalten Grund", ein stilles Seitental des Lohrbach, in einer runden Stunde. Gut geeignet ist die viereinhalb Kilometer lange Runde zum „Kalten Brunnen" und am „Kaltengrundsee" vorüber allerdings auch für bedächtige Spaziergänge. Anfangs läuft der Weg sacht bergan, rastet am Rande einer Waldlichtung an der Quelle „Kalter Brunnen", steigt danach gemächlich auf der anderen Bachseite wieder zu Tal.

Die Kalten-Grund-Strecke hat den Vorteil, dass sich niemand verlaufen und dass wohl auch keiner verloren gehen kann. Der kleine Rundgang beginnt nah der „Echobank", die auf Heigenbrückener Gemarkung (siehe Kapitel 29 „Heigenbrücken" und Kapitel 30 „Heigenbrücken") etwas abseits der bayerischen Staatsstraße 2317 steht. Der Weg läuft von der Straße fort gradaus den Talgrund hinauf. Als Wandermarkierung findet sich nach knapp 1 000 Metern in einer Wegbiegung an einer Buche die Zahl „5". Ein zweites Mal erscheint die „5" nach weiteren 400 Metern auf der linken Wegseite. Rechts unten windet sich der Bach kräftig rauschend durch den Grund. Gleich dabei ein kleiner, allerdings nicht zugänglicher See. Weniger als zwei Kilometer sind gegangen. Der Wanderweg trifft nun auf eine Waldlichtung. Von der dortigen Weggabel führt links ein Pfad zum Ort Neuhütten hinauf. Die Wanderung selbst läuft um die Lichtung rechts herum und drüben wieder in den Wald. Oberhalb der freien Stelle im Wald entspringt am Hang der „Kalte Brunnen". Eine Jahreszahl zeigt an, dass die Quelle 1935 gefasst wurde. Ihr Wasser strömt seither direkt aus einer kleinen Wand ins Freie, fällt über Steine, bildet einen kleinen Tümpel, fließt unter dem Wanderweg durch und drüben über eine sumpfige Wiese in den Talgrund hinunter.

Am jenseitigen Rand der Lichtung führt die Wanderung, immer noch mit der „5", wieder in den Wald hinein. Sehr schnell ist dort ein weiterer See erreicht, geschützt als Naturdenkmal in ganz stimmungsvoller Umgebung. An der Weggabel mit der Ruhebank geht's rechts weiter. Nach einem halben Kilometer holt der Weg zu einem großen Bogen aus, um einen seitlichen Taleinschnitt zu umgehen. Im Scheitelpunkt der Biegung liegt wieder ein kleiner See. Sehr still ist es. Nur das Rauschen des Wassers ist zu hören. Nun noch anderthalb Kilometer immer nur sacht bergab bis zur Straße. Dort unten liegt rechter Hand auch schon der kleine Parkplatz als Ausgangspunkt der Wanderung. Jenseits der Straße überquert ein Eisenbahnviadukt der Linie Aschaffenburg – Lohr am Main den Talgrund.

Der Weg zum „Kalten Grund":
Der Taleinschnitt liegt zwei Kilometer südöstlich Heigenbrücken an der Staatsstraße 2317. Dort ist kein offizieller Parkplatz, aber ausreichend Raum, das Fahrzeug abzustellen. Es lohnt nicht, von der „Echobank" her wilde Schreie auszustoßen. Das Echo ist verstummt. Im nahegelegenen Ort Heigenbrücken wird vermutet, das komme vom umliegenden Wald- und Buschgelände. Früher sei die Gegend nicht so stark bewachsen gewesen. Da habe tatsächlich, wenn von der Bank gerufen wurde, ein Echo geantwortet.

Weglänge:	4,5 km
Auskunft:	Kur- und Verkehrsamt Heigenbrücken
	Hauptstraße 8
	63869 Heigenbrücken
	Telefon 0 60 20/13 81
	Telefax 0 60 20/9 79 92 25
	e-Mail info@heigenbruecken.de
	Internet www.heigenbruecken.de
Einkehren:	Gasthäuser in Heigenbrücken

Hinweis:
Die „Kristall-Stube" in Heigenbrücken ist ein Privatmuseum mit mehr als 1 000 verschiedenen Edelsteinen aus allen Erdteilen, darunter ein Rosenquarz und ein Amethyst, beide zwei Meter hoch und nach Angabe ihres Besitzers die größten in Deutschland. Telefon 0 60 20/6 07.

Still ruht der See im Kalten Grund

Wildschweine gibt es doch

Dachs und Fuchs, Marder, Wiesel, Waschbär sagen sich im Spessart noch immer Gute Nacht. Auch Hirsch und Reh sind im Waldgebirge zu Haus. Und dass jede Menge Wildschweine noch unterwegs sind, erkennt der Wanderer leicht an all den Spuren, die ihr nächtliches Wühlen an Wegrändern und im Waldboden auf der Suche nach Genießbarem hinterlässt. Doch zu sehen kriegt der gewöhnliche Wandersmann die scheuen Waldbewohner in freier Wildbahn kaum. Mancher mag dann meinen, es gebe sie gar nicht mehr im Waldgebirge zwischen Main und Kinzig.

Da hilft das Dörfchen Heigenbrücken (siehe Kapitel 28 „Heigenbrücken" und Kapitel 30 „Heigenbrücken"). Außerhalb des Orts hat es im „Bächlesgrund" ein kleines Wildgehege eingerichtet mit Hirschen, Rehen, Wildschweinen drin. Gleich nebenan beginnt ein gut drei Kilometer langer „Waldlehrpfad". Auf Rollstuhlfahrer und Kinderwagengäste wartet eine Runde von gut anderthalb Kilometern. Der Lehrpfad ist sorgsam markiert und gibt auf zahlreichen Tafeln Auskunft zum Geschehen im Wald.

Der anfängliche Asphaltweg geht bald in Schotter über. Nach einem guten Kilometer ist die „Bächlesquelle" erreicht. Waldarbeiter haben dort vor langer Zeit eine kleine „Mariengrotte" gebaut. Mancher Heigenbrücker spricht dem Quellwasser des Bächles heilende Wirkung zu. Einen schönen Rastplatz findet der Wanderer nach weiteren 500 Metern.

Dort knickt der Pfad im spitzen Winkel nach links zurück. Eine Schutzhütte steht dabei, drin eine Bank. Tafeln klären über Käferarten, über Pilze, über den Nutzen des Waldes auf. Der feste Weg für Rollstuhlfahrer läuft an der Hütte links gradaus weiter. Der Lehrpfad selbst steigt schräg rechts im Wald den Hang hinauf. An einem aufgeschichteten Kohlenmeiler (siehe Kapitel 34 „Markt Frammersbach") geht's vorbei. Nach weiteren 300 Metern teils ziemlich bergauf ist der Waldrand und damit zugleich wieder ein Asphaltweg erreicht.

Kurz vor seinem Ende passiert der Rundweg an einem Wegkreuz eine weitere Mariengrotte. Maria und Franz Kunkel haben sie, wie eine kleine Tafel berichtet, im Frühjahr 1950 gebaut, weil ihr Sohn Albin wohlbehalten aus der Kriegsgefangenschaft heimgekehrt war. Der Weg kehrt an den Zaun des Wildgeheges zurück und steigt gleich darauf steil hinab zu einem Spielplatz.

Und bitte nicht stören

Der Weg zum Wildgehege im Bächlesgrund:

Heigenbrücken liegt im nördlichen Spessart an der bayerischen Staatsstraße 2317 etwa halbwegs zwischen Lohr am Main und Aschaffenburg. Zum Wildgehege und zum Lehrpfad der Ausschilderung „Ortsmitte" und „Verkehrsamt" über die Eisenbahnbrücke folgen. Auf Hinweise „Sportplatz Tennis Wildgehege" achten. Also: Nach der Brücke nicht in den Ort hinein, sondern links um die kleine Verkehrsinsel herum und danach schräg hinab in die „Hauptstraße" und parallel zu Bahn und Bach zum Ziel. Der Parkplatz direkt am Wildgehege gilt auch für den Lehrpfad.

Weglänge:	3,5 km für Wanderer, 2 km für Rollstuhlfahrer
Öffnungszeiten:	Wildgehege und Lehrpfad frei zugänglich
Auskunft:	Kur- und Verkehrsamt Heigenbrücken siehe Kapitel 28
Einkehren:	Kiosk und „Wildparkhalle" am Wildgehege sind nur zu Vereinsfesten bewirtschaftet. Gasthäuser in Heigenbrücken. Gleich beim Wildgehege liegt ein Spielplatz mit Schaukel, Wippe, Klettergerüsten, Karussell, Torwand, Sitzbänken und Tisch. Der Bächles ist zu einem kleinen See gestaut, von dem aus das Wasser grad am Spielplatz vorüberströmt.

Rätsel um den Engländer

Am 27. Juni 1743 ist nah dem Dörfchen Dettingen am Main Krieg. Etwa halbwegs zwischen Aschaffenburg und Hanau schlagen englische, österreichische und hannoveranische Truppen gemeinsam auf ihren französischen Gegner ein. Der nämlich will die Verbündeten daran hindern, von Aschaffenburg her auf Hanau zu marschieren. Die Franzosen unterliegen den 42 000 Mann der Allianz. Ein weiteres Gefecht im mehrjährigen „Österreichischen Erbfolgekrieg" ist blutig zu Ende gegangen.

Tote und Verwundete bleiben zurück. Unter ihnen auch Engländer. Einer, der zwar verletzt, aber mit dem Leben davongekommen ist, verliert den Anschluss an seine weiterziehende Truppe. Er irrt, erzählen sich noch heute die Leute zwischen Heigenbrücken, Heinrichsthal und Jakobsthal, allein und hilflos im Spessart umher. Schließlich erreicht der verlassene Soldat eine große Wegkreuzung. An ihr treffen die Routen von Lohr und von Gelnhausen auf die große Straße von Aschaffenburg nach Wächtersbach. Vielleicht hofft der Engländer, dass er hier von einer Postkutsche oder einem Kaufmannsfuhrwerk aufgelesen wird. Doch er wartet vergebens. Fern der britischen Heimat haucht der einsame Soldat tief im hohen Spessart sein Leben aus.

Eine traurige Geschichte. Sie könnte sich so zugetragen haben. Muss sie aber nicht. Heute steht auf dem Platz, an dem der Soldat vielleicht starb, das Waldgasthaus „Engländer". Das könnte seinen Namen von dem tragischen Ereignis haben. Das Wirtsschild an der Straße zeigt einen Soldaten in englischer Uniform. Doch manch einer zweifelt an der Geschichte. Der Name des Gasthauses, sagen sie, könnte ebenso gut auf althergebrachte, heute außer Gebrauch gekommene Begriffe zurückgeführt werden. Das wären die Wörter „Igelder" oder auch „Egelder". Die sollen einst für ein Gehölz an dieser Stelle oder auch für ein Buschwerk benutzt worden sein. Aus ihnen könnte sich mit der Zeit der „Engländer" entwickelt haben und der ganzen Waldabteilung, später auch dem Gasthaus den Namen gegeben haben. Könnte sein, muss nicht. Denn der Wirt im „Engländer" weiß noch einen weiteren denkbaren Ursprung des Namens. „Enges Land" sei die Gegend hier an der uralten Handelsroute des „Eselswegs" (siehe Kapitel 42 „Wachhütte") einst genannt worden. Und daraus sei „Engländer" entstanden. Dies sei die absolut glaubwürdigste Variante der vielen Erzählungen, meint der Wirt.

Am „Engländer" beginnt eine kleine Rundwanderung von gut sechseinhalb Kilometern. Sie führt zweimal ziemlich bergan, gelegentlich auch angenehm bergab. Die Wandertafel am Parkplatz zeigt die grobe Route vorbei am „Kurzen Heiligen" und am Weiler „Jakobsthal". Markiert ist die Strecke mit dem „Pilz", anfangs auch mit einem „E" für Eselsweg.

Auf den Besuch beim „Kurzen Heiligen" muss der Wanderer verzichten. Ihn gibt's nicht mehr. Wohl aber trifft er nach gut 1 300 Metern an einer Wegkreuzung auf die „Böse Tat". Ein schreckliches Ereignis, zu dem ein mitfühlender „Künstler" nicht nur ein Bild entworfen, sondern gleich auch noch ein Gedicht verfertigt hat. Beides hat er auf einer Tafel an den Wegrand gestellt. Im Spessart waren in früher Zeit nicht nur die Räuber (siehe Kapitel „Die Spessarträuber") unterwegs. Mancher Jagdaufseher stieß schon mal unerwartet auf einen Wilddieb (siehe Kapitel „Johann Adam Hasenstab"). Dann kam es tatsächlich drauf an, wer schneller war mit dem Gewehr und besser traf.

An der „Bösen Tat" führt der Weg links sacht bergab. Knapp einen Kilometer später läuft er an einer Weggabel rechts und kommt nun bald an eine auffällige Wegspinne. Hier, am „Streitplatz", treffen aus vielen Himmelsrichtungen sieben Wege zusammen. An einer alten Eiche ist ein Kruzifix festgemacht. Ein weißgrün gestrichener Wegweiser mit einem Pinienzapfen obenauf zeigt mit seinen fünf Armen die wichtigsten Richtungen.

Die Wanderung führt auf „Jakobsthal" zu. Nach gut 400 Metern im hohen, lichten Buchenwald läuft der Weg gradaus über eine Kreuzung und jenseits in einem Hohlweg bergab. Nun durch Fichtenwald und nach etwas mehr als einem halben Kilometer auf dem Fahrweg links. Die Straße nach Jakobsthal hinein ist schon zu sehen. Doch der Pilz als Wegzeichen leitet nicht ins Dorf. Gleich vorn an der Einfahrt, gegenüber der alten Wassermühle, steigt die Route links zur Waldlichtung hinauf.

Nun geht es für eine ganze Weile ziemlich bergan. Der Pilz zweigt aus einer scharfen Linkskurve rechts ab und führt mit einem Grasweg weiter bergan. Buchen- und Nadelwald wechseln ab. Schließlich stößt der Wanderer auf einen Waldrand. Auf der freien Wiese ist ein Skilift für Wintersportler zu erkennen. Hier geht's am Waldrand weiter. Der Weg knickt bald nach links, die Wanderung nach rechts in den Wald hinunter vorüber an einem alten, zur Seite geneigten Grenzstein mit der Jahreszahl 1734. Nun noch für eine Weile auf einer Wiese am Waldrand hin und zurück zum „Engländer".

ℹ **Der Weg zum „Engländer":**
Das Waldgasthaus steht 1 000 Meter nordwestlich des Heigenbrücker Ortsteils Jakobsthal an der Kreisstraße 2, der „Spessarthöhenstraße", in die hier die Kreisstraße 19 von Schöllkrippen und die Kreisstraße 23 von Heigenbrücken her einmünden.

Weglänge:	knapp 7 km
Auskunft:	Kur- und Verkehrsamt Heigenbrücken siehe Kapitel 28

Einkehren: Waldgasthaus „Engländer"
donnerstags Ruhetag
Telefon 0 60 20/85 90

Waldgasthaus „Zum Engländer"

Das Rätsel um die Alte Mühle

Da steht sie nun – die „Alte Mühle" von Habichsthal. Nichts dreht sich, nichts bewegt sich mehr in ihr. Das Wasserrad ist verschwunden. Aus dem Mauerwerk ragt nur noch der zerbrochene, nun vermodernde Stumpf des Wellbaums heraus. Er hat einst das Mühlrad getragen und, vom Wasser getrieben, das Mahlwerk in Gang gehalten. Weit unterhalb des ehemaligen Mühlenbaus plätschert ein Bach dahin. Sein Wasser ist wohl einst übers Mühlrad gefallen. Aber wie denn bloß?

Zur Mühlenruine führt doch überhaupt kein Graben, kein Mühlbach. Wie kam das Wasser einst aufs Mühlrad? Der Besucher muss schon genau hinschauen. Dann entdeckt er tatsächlich wenig oberhalb des steinernen Bauwerks eine unscheinbare längliche Vertiefung im Boden. Die zieht sich am Hang entlang in Richtung aufs nahe Dorf Habichsthal. Und dann trifft diese flache Rinne an den Bach, wo der einen Knick macht. Vermutlich war an dieser Stelle einst ein Wehr eingebaut. Von ihm aus strömte das Wasser den nun verschwundenen Mühlgraben entlang, stieß aufs Mühlrad, setzte und hielt es in Bewegung und kehrte nach dieser Arbeit unterhalb der Mühle ins Bachbett zurück.

So mag es gewesen sein. Die kleine alte Mühle hat ausgedient. Das Wegzeichen „Libelle" hat den Wanderer vom Habichsthaler Parkplatz auf einem gut 300 Meter langen Teilstück des Mühlwegs hierher geführt. Nun lenkt die Libelle die Schritte weiter auf dem Schotterweg oberhalb der Mühle an der Bank unterm Kirschbaum vorüber in Richtung auf die Habichsthaler Kläranlage am Hang des „Aubach" zu. Ein Trampelpfad läuft von dort schräg rechts über die Wiese, führt bald in den Wald hinein und wechselt dort zu einem festen breiten Waldweg.

Nach rund einem halben Kilometer endet dieser Weg. Rechts am Baum steckt die „Libelle". Den Wanderer führt sie nun links hinab ins „Erholungsgebiet", das ein Schild ausweist. Bald wird auf einer Brücke der Aubach überquert. Fischteiche füllen die Talsenke beiderseits des Flüsschens. Viel Wasser fließt und steht im Grund. Drüben steigt der feste Fahrweg nach einer Linkskurve sacht an, trifft nach 120 Metern auf eine Schranke. Dort nun so hinauf, dass der „Privatweg" ausgespart bleibt. Ein geschotterter Waldweg nimmt den Wanderer wieder auf, führt ihn am Berghang hin. Unten rauscht der Aubach. Fischteich reiht sich an Fischteich.

Bald erscheint links am jenseitigen Hang die vorhin passierte Kläranlage. Gute 300 Meter weiter endet der Waldweg an einer Fahrstraße. Die führt links nach Habichsthal zurück. Noch einmal wird der Aubach überquert. Dann liegt linker Hand wieder die Alte Mühle. An ihr geht's den Hang hinauf, zur Bank unterm Kirschbaum und zurück zum Parkplatz.

Der Weg nach Habichsthal: ⓘ
Habichsthal ist Ortsteil des Marktes Frammersbach. Aus Richtung Aschaffenburg auf der Kreisstraße 2 über Sailauf nach Heinrichsthal, weiter auf der Kreisstraße 20 nach Habichsthal. Aus dem Maintal um Lohr auf der B 276 bis Partenstein, weiter auf der Staatsstraße 2317 und der Kreisstraße 21 über Wiesthal nach Habichsthal. Der Parkplatz liegt am östlichen Ortsende.

Weglänge:	3,5 km
Auskunft:	Verkehrsverein Frammersbach
	Im Rathaus
	97833 Markt Frammersbach
	Telefon 0 93 55/48 00
	Telefax 0 93 55/97 56 25
	e-Mail verkehrsverein@frammersbach.de
	Internet www.frammersbach.de
Einkehren:	in Habichsthal

Osterbrauch in Habichsthal

Baden in freier Natur

Ungezählte Bäche, auch kleinere Flüsse strömen von den Spessarthöhen zu Tal, dem Main, der Sinn, der Kinzig zu. An keiner Stelle im Waldgebirge aber hat sich ein größerer natürlicher See gebildet. Das fast immer kräftige Gefälle, mit dem das Wasser zu Tal rauscht, hat die Flussbetten nur immer tiefer ins Gestein gegraben, ihnen keine Zeit gegeben zum Stillestehen. Seen, die diesen Namen rechtfertigten, konnten in der Vergangenheit im Spessart also nur mit menschlichem Zutun entstehen (siehe Kapitel 41 „Wiesbütt").

Zum Beispiel am Südrand des „Langenprozeltener Forstes". Zu drei unterschiedlich großen Seen haben die Wasserbauer dort den kleinen „Sindersbach" aufgestaut. In ihrer Nähe liegen längs der Kreisstraße 19 des Main-Spessart-Kreises, die von Langenprozelten im Maintal zur „Bayerischen Schanz" (siehe Kapitel 38 „Bayerische Schanz") hinaufsteigt, ein halbes Dutzend Wanderparkplätze. Von ihnen aus ist es nur ein Sprung zu den Seen hinüber. Zugleich sind die Parkplätze gute Ausgangspunkte für Wanderungen im nordöstlichen Spessart.

Das größte der drei stehenden Gewässer gehört zu einem Pumpspeicherwerk. Sein Wasser wird in Zeiten niedrigen Energiebedarfs, in der Regel also nachts, in den Hochspeicher auf der „Sohlhöhe" im „Sackenbacher Forst" gepumpt. Von dort stürzt es durch Druckrohre talwärts auf die Turbinen im Kraftwerk, die den Strom erzeugen. In dem zugehörigen Speichersee, den der Sindersbach in voller Länge durchfließt, kann nicht gebadet werden. Auch Bootfahren geht nicht. Ans Wasser kommt kein Unbefugter ran. Wohl aber lässt sich der See auf einem bequemen, fest ausgebauten Waldweg umwandern – mit gelegentlich schönen Ausblicken hinunter in den Bachgrund.

Die Runde beginnt geschickterweise am Spessart-Parkplatz 221 „Hirtelsdelle" an der Kreisstrasse 19 zwischen Langenprozelten und Ruppertshütten. Die Strecke ist mit dem „Roten Bussard" ausgezeichnet. Der stellt sicher, dass bei einiger Aufmerksamkeit sich niemand verläuft. Der Weg überquert zunächst die Straße und führt drüben zum unteren Ende des Stausees. Auf der Staumauer geht's zur anderen Seite hinüber, wo die anfangs asphaltierte Fahrbahn bald in einen Schotterweg übergeht.

Gut 200 Meter nach der Staumauer macht der Weg einen scharfen Knick nach links. Der Bussard könnte dort leicht übersehen werden, weil er ein wenig versteckt an einem Baum festgenagelt ist. Nun verschwindet der Wanderweg bald im hohen Wald. Ein vorerst letzter Blick noch rasch zurück auf den See. Nach etwa der Hälfte der gesamten Strecke tritt der Weg aus dem Wald, überquert nach schräg links wieder die Kreisstraße und steigt nun den Gegenhang kräftig hinauf. Einen halben Kilometer nach der Straße liegt links am Weg eine Steingruppe für eine kurze Pause. Ein schöner Blick tut sich auf über die Umspannstation des Kraftwerks, zum Stausee hinunter und auf die jenseitigen bewaldeten Höhen und Hänge. Weiter geht's nun immerzu wieder dem Bussard nach bis ans Ziel.

Die beiden kleineren Seen unterhalb des Stauwerks dienen nur dem Baden. Eine große Liegewiese ist dabei, weiter nichts, kein Kiosk, keine Toiletten, keine Umkleidekabinen. Nur Wasser inmitten der Spessartlandschaft, von allen Seiten einzusehen. Von den Parkplätzen sind es jeweils rund 400 Meter zu den Ufern. Die Seen selbst sind grad mal 200 bis 300 Meter lang und knapp halb so breit.

Der Weg zu den Seen:
Von Gemünden oder Lohr am Main auf der Bundesstraße 26 Richtung Langenprozelten. Von dort auf der Kreisstraße 19 gut dreieinhalb Kilometer das Sindersbachtal aufwärts.

Weglänge:	4 km
Einkehren:	in Ruppertshütten und Langenprozelten

Badesee im Sindersbachtal

Die Spur der Fuhrleute

Wir befinden uns im Jahr 1528 nach Christus. Der ganze Spessart eine einzige wilde Einöde ohne Straßen, ohne Wege, ohne Menschen ... Der ganze Spessart? Nein! Ein von unbeugsamen Fuhrleuten bevölkertes Dorf hört nicht auf, mit seinen schwerbeladenen, von sechs starken Pferden gezogenen Fuhrwerken den Spessart auf holprigen Wegen kreuz und quer zu durchfahren. Nicht nur den Spessart. Weit übers Waldgebirge hinaus reisen die Fuhrleute mit ihrer Fracht aus dem kleinen Spessartdorf, das Frammersbach heißt.

Seit dem späten Mittelalter schon rollen Frammersbacher Frachtwagen mit ihren Sechsergespannen im Dienst des deutschen Warenverkehrs, vor allem auch im Auftrag des Handelshauses der Fugger, auf dem gesamten europäischen Wegenetz. Die Fuhrleute kennen sich aus auf den mitteleuropäischen Fernstraßen, sind in den mittleren und größeren Städten so gut zu Hause, wie heute die Brummifahrer mit ihren riesigen Lastzügen. Und sie haben ihre Probleme mit Ämtern und Behörden wie Transportunternehmer unserer Tage auch.

Nach manchem Hader wird so ein Streit zumindest mal für einige Zeit mit einem Vertrag ausgeräumt. Die Gebietsherren im Spessart, der Kurfürst von Mainz und der Graf Philipp von Rieneck, unterzeichnen ihn gemeinsam am 15. November 1528. Die Fuhrleute aus Frammersbach nämlich hatten sich beschwert, in Frankfurt, in Stockstadt, in Lohr und an anderen Orten werde ihnen viel zu viel Wege- und Brückenzoll abgenommen. In Aschaffenburg gar seien die Zöllner zu umständlich. Habe der Fuhrmann keine gängigen Münzen dabei, ließen sie ihn nicht fahren. Der Vertrag schuf klare Verhältnisse – einige Zeit lang wenigstens.

Der alte Spessartort Frammersbach war seit je weit über die Ausläufer des Waldgebirges hinaus bekannt wegen der Leistungsfähigkeit seiner Fuhrunternehmer. Sie rollten auf Europas Fernwegen wie neuzeitliche Spediteure. Zwischen Nürnberg und Antwerpen waren sie unterwegs, zwischen Leipzig und Frankfurt am Main und auf vielen weiteren Routen. Wochenlang waren sie auf Achse. Von der Übernahme der Handelsware beim Hersteller oder beim Händler bis zur Anlieferung beim Abnehmer lag die Verantwortung für Vollständigkeit, Zustand, Pünktlichkeit der Lieferung in ihrer ureigenen Verantwortung.

Mehr, als hier in wenigen Worten beschrieben, erfährt der Wanderer heute über die frühen Fuhrunternehmer von Frammersbach, begeht er den Frammersbacher Kulturweg „Fuhrleute und Wallfahrt". Die acht Kilometer lange Rundstrecke ist Teil des „Archäologischen Spessart-Projekts" (siehe Kapitel „Das Archäologische Spessart-Projekt"). Gekennzeichnet ist der Weg mit einem kleinen blauen

33

Rechteck, in das mit gelber Farbe fünf Europasterne über einem stilisierten Wikingerschiffchen eingezeichnet sind.

Die Runde beginnt am Sträßchen „Hinterdorf", das im Frammersbacher Ortsteil Herbertshain von der „Lohrer Straße" abzweigt. Gleich am Beginn stellt eine erste Übersichtstafel die Fuhrleute und ihr Geschäft ausführlich vor. Der gleich nach Überqueren des Flüsschens Lohr folgende Anstieg, den die Fuhrwerke mit einiger Mühe nehmen mussten, ist steil und beschwerlich. Doch der weitere Weg bleibt im wesentlichen auf der Hochfläche oberhalb des Orts. Vier weitere Informationstafeln am Weg geben Einblick in die Vergangenheit der durchwanderten Landschaft.

An Gruben kommt der Wanderer vorüber, aus denen einst der Lehm für den Hausbau geholt wurde. Ein Bergbauschacht wird besichtigt. Längs der „Wiesener Straße", uralter Verbindungsweg (siehe Kapitel 42 „Wachütte") zwischen den mittelalterlichen Fernstraßen, stehen noch die Grenzsteine aus dem 18. Jahrhundert. Kurz vor dem Abstieg zurück nach Frammersbach hinunter kommt der Rundweg zur „Kreuzkapelle". Glasmacher (siehe Kapitel „Der Spessart") haben sie im 14. Jahrhundert auf die Höhe gebaut, lange ehe drunten im Tal eine erste Kirche stand. Die Jahreszahlen 1506 und 1681 am Gotteshaus deuten auf größere Umbauten hin. Durch einen Hohlweg, stellenweise sechs Meter tief in den Hang eingeschnitten, führt der Ausflug ins Dorf zurück.

Der Weg zum Markt Frammersbach:
Von Lohr am Main auf der Bundesstraße 276 über Partenstein. Von der Autobahn Hanau – Fulda Anschlussstelle 45 „Bad Orb/Wächtersbach" ebenfalls auf der Bundesstraße 276 über Biebergemünd, Flörsbachtal.

Weglänge: 8 km

Hinweis:
Der Wanderer darf den Kulturweg aus dem Archäologischen Spessart-Projekt „Fuhrleute und Wallfahrt" nicht mit dem Frammersbacher Wanderweg „Fuhrmann" verwechseln. Der ist 21 Kilometer lang und startet am „Markt" mit einem Wanderzeichen, das den typischen Frammersbacher Fuhrmann darstellt in wetterfester Lederkleidung, den federgeschmückten Hut auf dem Kopf und eine Peitsche in der Hand.

Führungen:	vermittelt der Verkehrsverein Frammersbach Kontakt siehe Kapitel 31
Einkehren:	am Markt Frammersbach

Rätsel um eine Herberge

„Vor vielen Jahren, als im Spessart die Wege noch schlecht und nicht so häufig als jetzt befahren waren, zogen zwei junge Bursche durch diesen Wald". So lässt der erst 25 Jahre alte Wilhelm Hauff seine 1828, also nach seinem Tod, erstmals erschienene Erzählung vom „Wirtshaus im Spessart" beginnen. Die Herberge selbst, in der „die Bursche" wie auch die Gräfin Sandau und ihre Begleiter unter die Spessarträuber fallen, beschreibt der Dichter sehr oberflächlich: „Es war ein langes, aber niedriges Haus, ein Karren stand davor, und nebenan im Stalle hörte man Pferde wiehern". Nicht mehr. Welches der Spessartwirtshäuser mochte Hauff da gemeint haben?

Hauffs „Märchen-Almanach für Söhne und Töchter gebildeter Stände auf das Jahr 1828" mit der Wirtshaus-Erzählung war kaum erschienen, da machten sich erste Neugierige auf die Suche nach der Wirtschaft. Sie fanden sie nicht. Eine zweite Reisewelle in den Spessart, zugleich eine erneute Wirtshaussuche, löste der Regisseur Kurt Hoffman 1957 aus mit seinem Film „Das Wirtshaus im Spessart, eine lustige musikalische Räuberpistole". Liselotte Pulver als Gräfin Sandau und Carlos Thompson als Räuberhauptmann gaben ein traumhaftes Filmpaar, nicht minder die singenden Räuber Wolfgang Neuss und Wolfgang Müller. Und für Hoffmanns Räuber-Spelunke ist, anders als fürs Hauffsche Wirtshaus, sogar bekannt, wo sie stand. Jedenfalls nicht im Spessart. Hoffmann baute sich ein eigenes Wirtshaus aufs Filmgelände in München-Geiselgasteig. Der Unterbau mit der Wirtsstube war in Halle 5, das Obergeschoss mit den Schlafräumen in Halle 7 eingerichtet worden – auf Zeit.

Niemand hat bis heute Hauffs Wirtshaus zweifelsfrei ausfindig gemacht. Da passte es gut, dass im Frühjahr 1959 im Weiler Rohrbrunn ein „Wirtshaus im Spessart" abgerissen wurde. Es musste dem Bau der Autobahn Würzburg – Frankfurt weichen. Seither sprießt die Phantasie, an der heutigen Autobahnraststätte „Rohrbrunn" habe Hauffs historisches Wirtshaus gestanden. Doch nichts spricht dafür, dass dort seine Räubergeschichte gespielt habe. Eher mag da ein völlig anderes Haus Pate gestanden haben. Und damit kommt der Spessartort Mespelbrunn ins Spiel. Noch nicht seines romantisch verspielten Wasserschlosses wegen, das mit Kurt Hoffmanns Wirtshaus-Film zu Weltruhm gekommen ist (siehe Kapitel 19 „Mespelbrunn").

Fest steht, dass Wilhelm Hauff im Jahr 1826 in der Postkutsche durch den Spessart gereist ist. Sehr wahrscheinlich ist auch, dass er auf dieser Reise in der Poststation im heutigen Mespelbrunner Ortsteil Hessenthal eine Rast eingelegt, möglicherweise wohl auch übernachtet hat. Die Posthalterstation Hessenthal, damals eine der wichtigsten in Deutschland, war 1813 eingerichtet worden. Zuvor hatte die Postroute, die der Generaloberpostmeister Lamoral von Taxis im Jahr 1615 zwischen Prag und Brüssel aufgebaut hatte, von Esselbach her über Rohrbrunn und Straßbessenbach nach Aschaffenburg geführt, weit nördlich an Hessenthal vorbei. Rund 170 Jahre später wurden die Poststationen in Rohrbrunn und Straßbessenbach überflüssig, weil die Post nun auf einer neuen, günstiger geführten Strecke verkehrte. Die lief durch Hessenthal, das später eine eigene Poststation erhielt. Diese „Post" wird noch heute als Gastwirtschaft geführt. Sie muss nicht Hauffs Wirtshaus im Spessart sein. Sie könnte aber. Immerhin passt die Beschreibung „eines langen aber niedrigen Hauses" dazu. Hier mag dem Dichter, wenn er denn über Nacht in der Hessenthaler „Post" geblieben ist, abends in der Gaststube über die Spessarträuber berichtet worden sein. Die Idee zur Wirtshaus-Erzählung könnte somit in Mespelbrunner Ortsteil Hessenthal geboren worden sein. Doch die Suche nach dem „richtigen" Wirtshaus im Spessart wird weitergehen. Die Auswahl ist groß. Ein paar Dutzend Häuser führen heute diesen Namen im Schilde.

Der Weg nach Hessenthal:
Anschlussstelle 64 „Rohrbrunn" der Autobahn Würzburg – Frankfurt. Von dort Richtung Mespelbrunn. Das Gasthaus „Zur Post" liegt an der „Würzburger Straße", die von Rohrbrunn her in den Mespelbrunner Ortsteil Hessenthal einmündet.

Auskunft:

Gasthaus „Zur Post"
Würzburger Straße 9
63875 Mespelbrunn-Hessenthal
Telefon 0 60 92/4 87
donnerstags Ruhetag
siehe Kapitel 18

Hinweis:
Grad neben dem Gasthaus „Zur Post" hat die „Spessart Bühne Mespelbrunn" ihr neues Domizil, Telefon 0 60 92/51 80.

Schwarzer Holunder und Kohlenmeiler

Über den Schwarzen Holunder und die Traubeneiche, über Wild- und Frostschäden im Wald, auch über Japanlärche, Sandbirke, Douglasfichte klärt der „Frammersbacher Waldlehrpfad" anschaulich, zugleich nachhaltig auf. Mehr als zwei Dutzend Täfelchen längs des knapp drei Kilometer langen Rundwegs durch die Forstgebiete „Gebrannter Schlag" und „Neuhäg" gewähren dem Wanderer guten Einblick ins Geschehen im Wald, in seinen Nutzen für den Menschen, vor allem fürs Tier, in seine Nöte und Gefährdungen auch.

Eine große, in Holz geschnitzte Tafel nah einer Ruhebank am Beginn des Lehrpfads zeigt die Wege und die wichtigsten Stationen der Runde. Der Wanderer sollte rechts herumgehen, gegen den Uhrzeigersinn also. Dort führt der Anstieg einigermaßen sanft hinauf. Das letzte Drittel der Runde läuft dann nur noch bergab, stellenweise allerdings recht kräftig. Start somit am „Schwarzen Holunder". Wenig später wird erläutert, was „Fichtenstammhöhe" heißt, was ein „Raummeter" ist, wozu „Fichtenindustrieholz" gut ist.

Dreimal heißt es unterwegs Obacht geben. Zum erstenmal nach knapp anderthalb Kilometern, wenn nach rechts, leicht zu verfehlen, der Weg zum „Kohlenmeiler" abzweigt. Wenig später – nach der „Schwarzerle" – geht's noch mal rechts weg und schräg den Berg hinauf zu einem Hochsitz. Der Abstecher läuft nach der Tafel „Dickenwachstum" auf schmalem Pfad wieder zum Hauptweg hinunter. Dort beginnt der endgültige Abstieg. Auch hier heißt's aufzupassen. Ein verwitterter Wegweiser „Waldlehrpfad" deutet vom festen Fahrweg in einen grasüberwachsenen lauschigen Waldweg hinab. Von dorther gibt's kein Verlaufen mehr. Bald ist das Ende des Rundgangs erreicht.

Der Weg zum Waldlehrpfad:
In Frammersbach auf der „Orber Straße" ortsauswärts zum ersten Wanderparkplatz rechts der Straße.

Weglänge: annähernd 3 km

Hinweis:
Unterhalb des Waldlehrpfads liegt im selben Waldgelände der Frammersbacher „Sportlehrpfad". Auf anderthalb Dutzend Tafeln gibt er Anregungen zu gymnastischen Übungen in den Pausen zwischen den einzelnen Laufstrecken. Wie der Waldlehrpfad führt auch der Sportlehrpfad ausschließlich durch Wald, sichert also Schatten und kühle Temperaturen auch während der heißen Jahreszeit.

Zum Sportlehrpfad geht's auch vom Parkplatz am Frammersbacher Schwimmbad.

Auskunft: Verkehrsverein Frammersbach
                               siehe Kapitel 31

Einkehren: im Markt Frammersbach

Der Waldlehrpfad von Frammersbach

Wasser über Stock und Stein

Die Wirtin in Frammersbach wusste nicht zu sagen, wo denn der durchaus nicht unbedeutende Spessartfluss „Lohr", der den Ort in ganzer Länge durchströmt, seine Quelle habe (siehe Kapitel 40 „Lohrhaupten"). Also fragte der Gast besser auch gar nicht erst nach dem Ursprung des viel kleineren „Rinderbach". Er machte sich allein auf den Weg, die Quelle zu suchen. Ob er sie gefunden hat, weiß er bis heute nicht so genau. Er hat einfach beschlossen, den „Rinderbach" unter einer Bank in einem stillen Seitental der Lohr entspringen zu lassen. Wohl nicht ganz zu unrecht, wie er meint.

Zur Quelle führen den Wanderer nun allerdings zwei verschiedene Wege – wenn er mag. Der eine läuft auf sauberem Asphaltsträßchen einfach das Rinderbachtal rauf und wieder runter, zusammen gut vier Kilometer. Die andere Route folgt auf Waldpfaden dem zweiten Frammersbacher „Kulturweg" (siehe Kapitel 33 „Markt Frammersbach" und Kapitel „Das Archäologische Spessart-Projekt"), der erst im Jahr 2001 angelegt worden ist. Dieser annähernd fünf Kilometer lange Rundweg behandelt das Thema „Waldwirtschaft und Wiesenbewässerung". Vielfältige Eingriffe von Menschenhand in die natürliche Struktur des Spessart über Jahrhunderte hin haben zur heutigen Kulturlandschaft geführt – auch am „Rinderbach". Mehrere Informationstafeln am Kulturweg beschreiben die Auswirkungen der menschlichen Eingriffe, beleuchten aber auch die hohe Kunstfertigkeit, mit der die frühen Bewohner sich Wald und Boden dienstbar machten.

Die Bank auf der Quelle ist gar nicht zu verfehlen. Wanderer, die dem Kulturweg folgen, stoßen auf sie bald nach der dritten Informationstafel. Alle anderen finden zu ihr, nachdem der sacht bergan führende Asphaltweg in den Wald eingetreten ist. An der Bank nun kommt wohl die Frage auf, was denn eigentlich den Ursprung eines Flusses ausmacht. In trockenen Jahreszeiten kann sein oberes Ende durchaus mal völlig ohne Wasser sein. Fällt viel Regen, verschiebt sich der Beginn eines Wasserlaufs leicht um ein paar hundert Meter hangaufwärts.

Gestiftet hat die Bank auf der Quelle, wie ein Täfelchen zeigt, Richard Amrhein vom „Landgasthof Kessler" im Markt Frammersbach. Die Außenwand seines Gasthofs zieren übrigens die Originalbilder jenes Frammersbacher Fuhrmanns und seines Sechsergespanns, die in „Die Spur der Fuhrleute" (siehe Kapitel 33 „Markt Frammersbach") wiedergegeben sind. Erstes spärliches Wasser fließt nah der Bank gleich neben dem Sträßchen bergab. Bald entschwindet es dem Blick, überschwemmt gleich darauf eine kleine Wiese, wird nun schon stärker und wichtiger, lässt bereits ein zartes Rauschen und Plätschern vernehmen. Dann zwängt sich der Bach durch eine enge Röhre unter der Straße durch.

Nach einem halben Kilometer passieren seine Wasser einen Brunnen des Frammersbacher Wasserwerks, wenig später den Hochsitz eines Jagdmanns, dann das Wasserwerk selbst. Hier verrichtet der kleine Rinderbach eine erste wichtige Funktion. Es liefert Trinkwasser. Nicht aus dem Bachbett wird es genommen sondern aus dem Untergrund. Jeden Fluss begleitet unterirdisch ein Grundwasserstrom. In ihn reichen die Pumpen der Wasserwerke hinab.

Mittlerweile ist aus dem anfangs bescheidenen Bach ein ansehnliches Gewässer geworden. Es eilt zu Tal, fällt über Steine, Geröll und Felsbrocken, windet sich in engen und weiten Schlingen durch den Wiesengrund. Es scheint, als wehre sich der Rinderbach, bald schon in der nahen Lohr zu enden. Durch zwei dunkle Tunnels noch muss er hindurch, unter einem Radweg erst, dann einer Straße. Drüben hat er eine Frist von 200 Metern, die er mit vielen Windungen listig auf mehr als 300 verlängert. Dann allerdings ist Schluss. Die Lohr nimmt den Rinderbach auf, strömt mit ihm gemeinsam dem Main entgegen, der beide schließlich in den Rhein und endlich ins weite Meer entführt.

Der Weg zum Rinderbach:
Vom Markt Frammersbach Richtung Lohrhaupten. Nach den Tennisplätzen am Ortsende rechts den Waldweg hinauf zum Wanderparkplatz und zum Beginn des Kulturwegs. Oder auf der Straße weiter und nach der ersten Brücke rechts auf den nächsten Wanderparkplatz.

Weglänge:	Rundweg knapp 5 km
	Asphaltwanderung hin und zurück gut 4 km
Auskunft:	Verkehrsverein Frammersbach
	siehe Kapitel 31
Einkehren:	im Markt Frammersbach

Auf zum Rinderbach

Leben mit dem Wasser

Wald und fließendes Wasser prägen weithin das Landschaftsbild im Spessart. Das uralte Städtchen Rieneck (siehe Kapitel 37 „Rieneck") hat beide Elemente nah zusammengebracht. Der „Wald- und Wasserlehrpfad" draußen weit vorm Ort zeigt auf kleinem Raum, wie Tier- und Pflanzenreich ihre je eigenen Lebenswelten entwickeln. Eine ganze Reihe von Schautafeln erklärt, was der Besucher schon immer wissen wollte übers Leben im Wald, am Wasser und mit dem Wasser.

Am Parkplatz zum Wald- und Wasserlehrpfad wartet bereits eine erste Tafel, die den gesamten Rundweg vorstellt. Darauf ist auch erkennbar, dass der Pfad längs des „Fließenbach" an seinem oberen Ende eine Schleife beschreibt und danach auf dem Hinweg zurückläuft. Der Pfad beginnt gleich an dieser ersten Tafel und führt nach 150 Metern an ein hölzernes Tor. Es öffnet sich und wird sofort wieder geschlossen. Die Wanderung läuft oberhalb des strömenden Wassers. In Schlingen und Kehren windet sich der Bach durch den Grund, beiderseits von Erlengehölz gesäumt.

Bald führt der Pfad nah an den Fließenbach heran, steigt eine Treppe mit 17 ausgetretenen Erdstufen hinauf zum nächsten Törchen, das die Wanderer wieder ins Freie entlässt. Außer dem Geräusch des strömenden Wassers ist nichts zu vernehmen. Eine weitere Tafel schildert die „Erholungsfunktion des Waldes" für den Menschen. Sie weist zugleich deutlich daraufhin, dass Wanderer und Radler, Fotografen, Reiter und Grillfreunde nur Gäste des Waldbesitzers sind.

An einem Hochsitz führt der Pfad vorüber. Bald trifft er auf eine Ruhebank. „Fließgewässer" werden beschrieben. Wertvoll ist die Tafel mit den „Lebensgemeinschaften", die sich den Wald teilen. Beispielhaft sind fünf Baumarten aufgeführt, acht Tiere, vier Pilze, sieben Kräuter. Tatsächlich beherbergt solch eine Landschaft weit mehr Tier- und Pflanzenarten. Immer wieder ist Staunen angezeigt über die Vielfalt eines solchen natürlichen Organismus.

Der Pfad mündet in einen Fahrweg, läuft sacht bergauf an einem „Wasserschutzgebiet" vorüber. Tisch und Bänke warten nahebei unter einem Schutzdach. Bald nach der Tafel mit dem „Kreislauf des Wassers" überquert ein Schotterweg den Bach. Dort führt der Lehrpfad rechts zurück und auf der linken Seite eine kurze Strecke bachabwärts. Am Weg folgt bald auf einer hölzernen Tafel ein bedenkenswerter Sinnspruch. Er regt an, einen Baum oder auch gleich einen ganzen Wald zu pflanzen, ohne lang zu bedenken, wem er eines fernen Tages nützen möge.

Weitere Tafeln berichten über die „Säugetiere des Waldes", übers „Waldsterben" und was dagegen zu tun ist. Schließlich über „Insekten" und wie sie von bestimmten Blüten abhängig sind. Dort nun gilt es auf den weiteren Wegverlauf zu achten. Bald wird ein Fahrweg überquert. Drüben läuft der Pfad auf der anderen Bachseite zurück, eben jene Strecke, die zuvor den Bach aufwärts geführt hatte.

Der Weg zum „Wald- und Wasserlehrpfad" Rieneck:
Vom Parkplatz in der Ortsmitte Rieneck links in die Hauptstraße. An der scharfen Rechtsbiegung gradaus in die „Obertorstraße" Richtung Ortsende. Nach gut 800 Metern links in die „Fließenbachstraße". Dort ständig weiter auf schmaler Straße. Nicht auf den ersten Parkplatz rechts oben einbiegen. Einen Kilometer nach diesem liegt der Wanderparkplatz links unten im Grund.

Weglänge:	2,2 km
Auskunft:	Touristik Verein Rieneck
	Schulgasse 4
	97794 Rieneck
	Telefon 0 93 54/97 33-0
	Telefax 0 93 54/97 33-33
	e-Mail poststelle@rieneck.bayern.de
	Internetwww.rieneck.de
Einkehren:	Gasthäuser im Ort

Das Geheimnis im Dicken Turm

Platz genug für alle im Sinntal-Städtchen Rieneck, für Einheimische und ihre Gäste. Denn rein rechnerisch kommt auf jeden Rienecker ein ganzer Hektar Wald- und Wiesenfläche, immerhin 10 000 Quadratmeter. Die grad mal 2 300 Einwohner bringen es zusammen auf 26 Millionen Quadratmeter Land, davon allein 20 Millionen mit Wald bedeckt. Genügend Raum also wohl für Ausflüge in die Natur (siehe Kapitel 36 „Rieneck"). Aber auch Rieneck selbst, seit bald 700 Jahren schon mit Stadtrechten versehen, ist nicht ohne Reiz.

Bis auf den 22. März 800 führen die Rienecker die Geschichte ihres Städtchens zurück. Damals soll ein Priester mit dem Namen Waldiperaht dem Kloster Fulda eine Siedlung nahe Rieneck geschenkt haben. Die Gegend muss also schon bewohnt gewesen sein seinerzeit. Sicheren Boden betreten Rienecks Historiker allerdings erst kurz vor dem Jahr 1100, als sich die späteren Rienecker Grafen mit der Grafschaft Loon durch Heirat verbanden. Endlich, im Jahr 1179, erscheint der Name der Burg Rieneck denn auch in mittelalterlichen Urkunden.

Enge, verwinkelte Gassen prägen bis heute das Ortsbild. Wäre nicht der Durchgangsverkehr in Obertor- und Hauptstraße, man möchte sich um Jahrhunderte in die Vergangenheit zurückversetzt fühlen. Dies um so leichter, als die im 12. Jahrhundert errichtete, vor gut 100 Jahren neugotisch restaurierte Burg noch immer die Kleinstadt überragt. Dort hinauf tut wohl jeder Rieneck-Besucher einen kurzen Gang. Von dem 1168 unter Ludwig von Rieneck erbauten „Dicken Turm" tut sich ein wunderbarer Rundblick auf – gleichzeitig zum Spessart hinüber und zur Rhön. Und ein einzigartiges mittelalterliches Geheimnis birgt der Turm auch.

Am Marktplatz, der zugleich öffentlicher Parkplatz ist, weist ein Ortsplan eine ganze Reihe von Wanderwegen in die Umgebung aus. Zur Burg hinauf führen zwei verschiedene Routen – eine kurze direkt von der Hauptstraße den Schlossberg hoch, wie sie der Wegweiser „Burg Rieneck" anzeigt. Die andere ist knapp zwei Kilometer lang, läuft zunächst durch Altstadtgassen, dann gemächlich zur Burg hinauf. Dieser Weg sei hier beschrieben.

Vom Parkplatz her geht's zwischen der Raiffeisenbank und der Informationstafel in die „Badgasse" hinein. Gleich darauf führt der Weg links in die „Haaggasse", dort dem kräftig rauschenden „Fließenbach" (siehe Kapitel 36 „Rieneck") entgegen bis zur „Brunnengasse". An deren Ende nun wieder rechts und bald links in die „Obertorstraße" hinein. Nach wenigen Metern schon steigt schräg rechts voraus die gepflasterte Straße „Fellenberg" den Hang des Burgbergs hinauf. Am Ende der begleitenden Häuserzeile knickt die Straße um. Ein Wegweiser führt zu „Burgweg, Klinge, Dürnhof, Friedhof". Dort hinauf.

Gut 100 Meter nach dem Wegweiser steht unter einer einzelnen Eiche eine Ruhebank mit gutem Blick aufs unten liegende Rieneck und auf die links hinter den Bäumen hervorlugende Burg. Der grasige Hangweg erreicht nach weiteren 300 Metern ein Schutzdach mit Tisch und Bänken drunter. Zwei, drei kleine Pfade laufen von hier direkt zur Rückseite der Burg hinüber und an ihrem Fuß vorbei zum Haupteingang. Dort erweist sich nun allerdings, dass die mittelalterliche Anlage gar nicht besichtigt werden kann. In ihr ist das „Bundeszentrum des Verbandes Christlicher Pfadfinderinnen und Pfadfinder" eingerichtet.

Doch Hilfe ist nah. Eine Notiz seitlich am Eingang verspricht, dass jeder bei geöffnetem Tor eintreten und sich umsehen darf. Auch versichern die Pfadfinder, dass sie den Besuch des „Dicken Turms" ermöglichen. Dazu ist der Gang über den Burghof zur „Vogtei" nötig. Von dort wird der Schlüssel besorgt, der den Turm aufschließt. Nun braucht der Besucher nur noch 93 enge hölzerne Wendeltreppenstufen hochzusteigen, um sich am Blick auf Rhön und Spessart, auf die Burg selbst und hinunter in die Stadt zu erfreuen. Der Weg nach oben führt an einem romanischen Schatz vorbei, wie er einzig ist auf der Welt. In die 19 Meter hohen und zwischen vier und acht Meter starken Mauern des Dicken Turms ist eine Kapelle eingebaut. Sie hat die Grundrissform eines Kleeblatts und weit und breit nicht ihresgleichen.

Nach dem Abstieg vom Bergfried bietet sich der kurze Weg den „Schlossberg" hinunter zurück ins Städtchen an. In der Einmündung des „Schlossbergs" in die „Hauptstraße" trägt das Eckhaus linker Hand hoch droben im Mauerwerk eine alte steinerne Sonnenuhr mit der Jahreszahl 1578. Am alten Fachwerkrathaus in der Stadtmitte, das heute Heimatmuseum ist, hängt noch ein Halseisen, der städtische Pranger als Strafjustiz aus lang vergangener Zeit.

i **Der Weg nach Rieneck:**
Stadt und Burg Rieneck liegen am Flüsschen Sinn, das bei Gemünden den Main erreicht.

Weglänge:	knapp 2 km
Öffnungszeiten:	Burg Rieneck kann immer besucht werden, „wenn das Burgtor offen steht"
Führungen:	Helmuth Spahn Herrgottsberg 19 97794 Rieneck Telefon 0 93 54/2 42 Telefax 0 93 54/16 62

Auskunft:	Touristik Verein Rieneck siehe Kapitel 36
Einkehren:	Gasthäuser im Ort

Burg Rieneck gehört den Pfadfindern

Pferde-, Zoll- und Bierstation

Tief drinnen im „Hohen Spessart" liegt auf bayerischer Seite, aber ganz nah schon der Grenze zu Hessen, die „Bayerische Schanz". Drei Landstraßen führen auf sie zu – aus Südosten vom Main herauf, von Nordosten aus dem Sinntal her und von Nordwesten aus dem Kinzigtal. Zugleich treffen sich an der Schanz vier Fernwanderwege. Und auch die „Birkenhainer Straße" (siehe Kapitel 42 „Wachhütte"), uralter Handelsweg über die Spessarthöhen von Hanau hinüber nach Gemünden am Main, berührt die Schanz.

Ein Ort von einiger Bedeutung also war die Bayerische Schanz wohl über Jahrhunderte hin. Hier lag einer der wichtigsten Kreuzungspunkte früher Fernhandelsstraßen des ganzen Spessart. Den Fuhrleuten, die auf der Birkenhainer Straße heranzogen, diente der Platz als Umspannstation für ihre kräftigen Zugpferde. Zollstation an der damals bayerisch-preußischen Staatsgrenze wurde die Schanz 1886. Heute ist von all dem wenig geblieben – bis auf ein Gasthaus mit Biergarten und Parkplatz. Das nun ist allerdings ein gern aufgesuchtes Ausflugslokal, zugleich ein guter Ausgangspunkt für eine kleine Wanderung in die umliegenden Wälder hinein.

Vom Parkplatz an der Schanz läuft ein kurzer Wanderweg, markiert mit dem „Roten Rehkopf", erst mal am Gasthaus längs in den für den öffentlichen Verkehr gesperrten Forstweg hinein. Einen guten halben Kilometer lang geht es sacht bergan. Nah einer Bank am Wegrand setzt ein langes fast ebenes Wegstück ein. Nach 1 100 Metern erreicht der nun schon sehr bequem zu begehende Weg eine kleine Lichtung. Die wird von einer Hochspannungsleitung überquert. Linker Hand steht ein Hochsitz.

An dieser Stelle knickt der Wanderweg mit dem roten Reh nach links weg, führt auf dem Grasweg fort und trifft bald auf einen betagten Grenzstein. Nach 200 Metern stehen am selben Weg gleich zwei solch altehrwürdige Grenzmarken. Bei ihnen biegt der Weg erneut nach links und nun von der Lichtung fort und wieder in den Wald hinein. Nach und nach passiert die Route weitere Grenzsteine, die heute nur Geschichte widerspiegeln, keine weitere Bedeutung mehr haben. Die nahe bayerischhessische Landesgrenze, die 500 Meter westlich der Schanz entlang führt, orientiert sich an anderen Vermessungspunkten, nicht zuletzt den Satelliten am Himmel. Nach alles in allem grad mal gut zwei Kilometern schon steht der Wanderer wieder am Ausgangspunkt des kleinen Rundgangs.

Der Weg zur Schanz:
Von Langenprozelten im Maintal her auf der Kreisstraße 19, aus dem Sinntal heraus auf der Kreisstraße 18 und aus dem Kinzig- und Jossatal schließlich über Bad Orb, Lettgenbrunn und Pfaffen- hausen zur Schanz.

Einkehren: Gasthaus „Bayerische Schanz"
10.00 bis 20.00 Uhr geöffnet
montags und dienstags Ruhetag
Telefon 0 93 55/6 18

Grenzsteine nah der Bayerischen Schanz

Im Wiesengrund der Lohr

Halbwegs zwischen dem Markt Frammersbach und dem Flörsbachtaler Ortsteil Lohrhaupten (siehe Kapitel 40 „Lohrhaupten") liegt im Wiesengrund der Lohr unterhalb des Gasthofs „Ziegelhütte" ein kleines, waldfreies Wandergebiet. Es verlangt keinerlei Anstrengung. Das erst wenige Kilometer oberhalb der Ziegelhütte aus einem Wiesenhang ans Tageslicht getretene Flüsschen Lohr schlängelt sich anmutig durch die Auenlandschaft. Ein Asphaltweg erlaubt einen gemächlichen Spaziergang oder auch eine flotte Wanderung. Für Rollstuhlfahrer, für Inline-Skater, Roller und Rollschuhe, auch für Kinderwagen ist die Route gut geeignet. Zudem zieht sich ein sorgsam beschilderter und ausführlich beschriebener „Naturerlebnispfad" durch den Talgrund.

Am Gasthof Ziegelhütte überquert der Wanderer die Landesstraße 3199 und steigt mit leichtem Gefälle in den Talgrund hinunter. Gleich am ersten Querweg geht er rechts aufs hier noch nicht sichtbare Dorf Lohrhaupten zu. Der asphaltierte Weg zieht sich, sanft auf- und absteigend, durchs langgestreckte offene Tal. Nur auf den Hängen und Höhen zu beiden Seiten zeigen sich Laub- und Nadelwälder. In ungezählten Kehren, Windungen und Schlingen fließen die Wasser der Lohr nach Süden dem Main entgegen. Erlen und Weidengestrüpp begleiten die Ufer.

Gut anderthalb Kilometer nach Beginn der Wanderung auf Lohrhaupten zu kommt von links der Naturerlebnispfad heran. Zunächst erfährt der Wanderer, was „Streuobstwiesen" für den Naturhaushalt bedeuten. Bald folgt eine Darstellung „Geschützte Pflanzen". Der Weg läuft oberhalb einiger Fischteiche vorüber, was Gelegenheit gibt, über das „Leben am See" nachzudenken. Rund 500 Meter nach diesen Teichen erreicht die Wanderung am Ortsrand von Lohrhaupten auf den eigentlichen Beginn des Erlebnispfads. Hier folgt der Wanderer dem Wegweiser nach links. Gut 400 Meter weiter liegt am Weg ein Kneippsches Wassertretbecken.

Nun führt die Route immer nur leicht talwärts. An einer Erlengruppe mit dem Schild „Ju Di Eck 1988" läuft sie links hinunter und noch vor der Lohrbrücke rechts auf dem Wiesenweg weiter. Alle, die mit rollenden Untersätzen unterwegs sind, auch mit Kinderwagen, überqueren hier schon mal die Lohr, wenden sich bald danach rechts und kehren auf dem schon bekannten Weg zum Ausgangspunkt an der Ziegelhütte zurück. Der Erlebnispfad selbst geht hier vor der Brücke in einen Wiesenweg über und stößt bald auf eine Rastbank mit der Tafel „Lebensgemeinschaft Feuchtwiese". Recht feucht ist hier häufig auch das kurze, bergan führende Wegstück, das nun folgt. Nach 100 Metern ist dieser Teil geschafft. Oben geht's auf Asphalt links weiter.

Erklärt werden nun „Waldtiere". Der Tafel „Schmetterlinge" folgt nach 100 Metern eine Wegkreuzung oberhalb eines landwirtschaftlichen Gehöfts. Die Wanderung führt auf dem Schotterweg gradaus weiter. Der endet nach 400 Metern und hinter einer Rechtskurve an einem Asphaltweg. Dort an der Tafel „Feldrain" geht's links hinab. Der Naturerlebnispfad selbst führt, wie der Wegweiser zeigt, oberhalb des kleinen Sees weiter zum Flörsbachtaler Ortsteil Kempfenbrunn. Zur Ziegelhütte dagegen, die über den Teich hinweg schon zu sehen ist, läuft der Weg gradaus durch den Talgrund und nach 400 Metern zum Ziel und zum Ausgangspunkt der Wanderstrecke.

Der Weg zur Ziegelhütte:

Aus dem Maintal um Lohr auf der B 276 über Partenstein und Markt Frammersbach zur „Ziegelhütte" an der Landesstraße 3199. Dort stehen 100 Parkplätze zur Verfügung. Der Wirt der Ziegelhütte gestattet Wanderern gern, ihr Fahrzeug dort abzustellen, freut sich naturgemäß auch über die Einkehr der Ausflügler am Ende des Rundgangs.

Weglänge:	6,5 km
Auskunft:	Touristik Information
	Hauptstraße 14
	63639 Flörsbachtal
	Telefon 0 60 57/90 01-23, Telefax -16
	e-Mail fbt-mautel@floersbachtal.net
	Internet www.floersbachtal.net

Hinweis:

Lohrhaupten besitzt außer dem Naturerlebnispfad ein beheiztes Freibad, Wildgehege mit Damwild (40 „Lohrhaupten"), Inline Skating am Parkplatz beim Freibad, Kneippanlage nahe dem Freibad, Spielplätze

Einkehren:	„Gasthof Ziegelhütte"
	Lohrer Straße 30, 63639 Flörsbachtal
	Telefon 0 60 57/15 95
	weitere Dorfgasthäuser in Lohrhaupten

Das kupferne Mädchen

Was die Wirtin nicht wusste (siehe Kapitel 35 „Markt Frammersbach"), wo nämlich der Spessartfluss Lohr seinen Ursprung hat, wird mit diesem Ausflug nach Lohrhaupten geklärt. Dort nämlich sprudelt die Quelle. Wie und wo auch anders? Denn eigentlich sagt's ja schon der Name des Dörfchens, das ein Ortsteil von Flörsbachtal ist. Dem Besuch am Lohr-Ursprung schließt sich eine gut fünf Kilometer lange Rundwanderung an. Sie führt an einem Damwildgehege vorbei, auf Feld- und Wiesenwegen durch freies offenes Land mit schönen Ausblicken weit hinaus in die Umgebung der noch jugendlichen Lohr. Die Wanderung über den Lohrhauptener „Querberg", die „Weicherstaler Höhe" und am „Friedrichsberg" entlang ist insgesamt wenig anstrengend.

Das Auto bleibt im Ort Lohrhaupten zurück, möglichst in der „Wohnroder Straße" in der Nähe des Wegweisers zum „Gasthaus Waldeck". Platz ist dort zur Genüge. Im oberen Teil der „Wohnroder Straße" liegt zugleich die Lohrquelle. Das heißt, der Bach tritt dort aus einem kleinen unterirdischen Kanal ans Tageslicht. Ein kupfernes Mädchen von der Hand des Aschaffenburger Künstlers Helmut Kunkel hockt am Boden, schaut nachdenklich und unverwandt ins plätschernde Wasser.

Irgendwo an der „Wohnroder Straße" startet also der Wanderer: Er geht einfach auf der asphaltierten Straße immerzu bergan – ganz sacht und ohne besondere körperliche Anstrengung. Bald liegt rechts der Straße das Gestüt „Erlenhof". Gut 300 Meter nach dem Hof passiert der Weg linkerhand eine mächtige alte Fichte. Nach ihr führt die Wanderung links weiter, anfangs noch auf Asphalt. Nun geht's ein kurzes Stück weit ziemlich bergan. Kurz vor dem Ende des asphaltierten Wegteils erneut links, dort nun auf grasbewachsenem Feldweg weiter.

Für eine Weile verläuft die Wanderstrecke fast völlig eben. Eine alleinstehende Birke weist den Wanderer nach links, immer noch an Feldern und Wiesen entlang. Das Damwildgehege wird erreicht. Die scheuen Tiere hinter dem Zaun bemerken ihre „Zaungäste" naturgemäß sehr viel früher als die ankommenden Wanderer das Wild. Das schaut eine Weile aufmerksam herüber, ergreift dann in eleganten Sprüngen die Flucht. Doch sind die Tiere in dem großen Auslauf fast überall gut zu sehen. Notfalls legt der Wanderer eine kleine Rast ein. Das Wild kommt bald zurück. Für rund einen halben Kilometer führt der Weg am Zaun entlang.

Schließlich mündet er in ein Asphaltsträßchen, das links bergab läuft und bald endet. Der dort folgende Feldweg ist nach 300 Metern zu Ende. Nun geht's links wieder auf Asphalt weiter, am nächsten Weg aber schon wieder rechts ab und sacht bergauf, bald an einer Pferdekoppel vorüber. Nach einem halben Kilometer steht am Weg wieder eine Birke. An ihr läuft die Wanderung im rechten Bogen vorüber auf eine Gruppe alter Eichen auf der vorausliegenden Höhe zu.

Zur Baumgruppe ist's ein kurzes Stück nur. Gleich dabei liegt ein Asphaltweg, auf dem es links weitergeht. Fern unten im Talgrund ist nun schon wieder Lohrhaupten, Ausgangs- und Zielpunkt der Rundwanderung, zu sehen. Die Straße läuft ziemlich bergab. Nach 800 Metern zweigt links die Dorfstraße „Am Friedrichsberg" ab. Ihr folgt der Wanderer Richtung „Gasthaus Waldeck". Im großen Bogen führt die Straße an einem Wohngebiet vorüber, kommt nach einem halben Kilometer zum Gasthaus. Gut 350 Meter hinter dem „Waldeck" steigt rechts die Straße „Oberer Friedrichsberg" hinunter, mündet in die „Wohnroder Straße". Dort dann links oder rechts, je nachdem, an welchem Platz das Auto wartet.

Der Weg nach Lohrhaupten:
Aus dem Maintal um Lohr auf der Bundesstraße 276 über Partenstein und den Markt Frammersbach nach Lohrhaupten.

Weglänge:	5,5 km
Auskunft:	Touristik Information siehe Kapitel 39
Einkehren:	am Ende des Wanderwegs „Haus Waldeck", montags Ruhetag Telefon 0 60 57/5 53
	Gasthäuser im Ort

Das kupferne Mädchen an der Quelle

Ein Moor im Wald

Tief drinnen im Hochwald des Spessart liegt ein Hochmoor. Gleich nebenan gar noch ein See. Solche Menge Wasser an einem einzigen Fleck im Waldgebirge ist nicht selbstverständlich. Denn Bäche und Flüsse haben ihr Bett immer nur in den Untergrund eingegraben. Stehende Gewässer wie Tümpel oder gar Seen konnten sich dabei eigentlich gar nicht bilden (siehe Kapitel 32 „Langenprozelten"). Moor und See an der „Wiesbütt" stehen denn auch keineswegs für das Gegenteil. Denn hier hat nicht die Natur allein gewirkt. Der Mensch hatte seine Hand im Spiel – wie an vielen anderen Orten im Spessart auch, an denen dies oft kaum jemand erwartet. Gar so menschenleer und weltabgelegen, wie vielfach vermutet, war das Waldgelände zwischen Main, Kinzig und Sinn in Wahrheit nicht immer. Fast überall künden überwachsene, oft vergessene, vielfach versunkene Spuren vom frühen Wirken des Menschen (siehe Kapitel 35 „Markt Frammersbach").

So auch an See und Moor Wiesbütt hart westlich des hessischen Spessartdorfs Flörsbach. An dieser Stelle grad auf der bayerisch-hessischen Landesgrenze wüchse wohl noch immer Hochwald, hätte der Mensch im nahen Dörfchen Bieber nicht schon seit früher Zeit Bergbau betrieben (siehe Kapitel 27 „Lohr am Main"). Für die dabei verwendeten Förderanlagen brauchten die Bieberer Bergleute Wasser, viel Wasser. Und das musste in stets gleicher Menge ständig verfügbar sein, unabhängig von der Jahreszeit und auch nicht beeinflusst von Regen- oder Trockenperioden. Weit oberhalb ihres Dorfs legten die Bergleute deshalb ein Stauwehr an. Hinter ihm bildete sich wie erwartet ein See als Wasserreservoir, die Wiesbütt. Weil nun der ungehinderte kontinuierliche Abfluss nicht mehr möglich war, siedelten sich Pflanzen im und am Wasser an. Als Folge bildete sich im stehenden Gewässer ein Hochmoor aus. Ausführlich nachzulesen ist dies auf der Stationstafel des „Kulturrundwegs" zum Bieberer Bergbau am Wanderparkplatz gegenüber dem See (siehe Kapitel „Das Archäologische Spessart-Projekt").

Dort zeigt eine weitere Tafel einen Rundgang ums Moor. Für die zweieinhalb Kilometer lange Route ist eine Stunde Wanderzeit veranschlagt. Die wird auch wohl gebraucht. Denn der Zwischenbesuch auf dem Beobachtungssteg, der weit ins Moor hineinreicht, kostet etwas Zeit. Dort lässt sich vom Frühjahr bis zum Herbst ein herrlicher Überblick gewinnen. Am besten hilft dazu ein Fernglas. Eine Beschreibung der Landschaft, ihrer Pflanzen- und Tierwelt ist am Steg angebracht.

Der Weg zum Moor ist mit dem Wanderzeichen „Libelle" gut gekennzeichnet. Vom Parkplatz über die Straße und auf dem Waldweg erst mal 150 Meter gradaus bis zu einer Bank am Weg. Dort mit der

Libelle links in den Wald hinein und unter Tannen leicht bergan. Wo nach 100 Metern das Naturschutzgebiet einsetzt, führt die Wanderung auf dem Waldweg rechts weiter.

Nun geht's einen Kilometer lang immer auf dem breiten Fahrweg voran. Hier und da mag er ein wenig feucht sein. Rechts schimmert das Moor durchs Gebüsch. Am oberen Ende biegt der Weg ums Sumpfland herum und läuft auf der anderen Seite zurück. Von hier ist der Blick ins Hochmoor hinein freier. Gute 400 Meter mögen es noch sein zum Moorsteg, der durchaus leicht übersehen werden kann. Nach dem Besuch auf dem Steg weiter in der alten Richtung, gut 600 Meter bis zu jener Stelle, an der zuvor der Pfad in den Wald abzweigte. Nun zurück zum Parkplatz.

Der Weg zur Wiesbütt:

See und Moor liegen drei Kilometer westlich Flörsbach an der bayerisch-hessischen Landesgrenze. Die hessische Landesstraße 2905 geht dort in die bayerische Staatsstraße 2905 über.

Weglänge:	2,5 km
Auskunft:	Touristik Information siehe Kapitel 39
Einkehren:	Gasthaus „Wiesbütt" ganztägig ab 10.00 Uhr geöffnet dienstags Ruhetag Telefon 0 60 96/3 85

Hinweis:

Ausflügler, die weniger gut zu Fuß sind, nehmen den kurzen Weg zum Moorsteg, gehen also am Anfang gradaus, biegen nicht, wie oben beschrieben, an der Bank in den Wald ein.

Fernglas nicht vergessen!

42 Rundwanderung an der Wachhütte

Auf zeitlosen Wegen

Jahrtausende alte Handelsstraßen durchziehen seit je und noch heute den Spessart, verbinden die Städte an seinen Rändern untereinander. Wege und Pfade sind darunter, auf denen schon keltische Händler, römische Legionäre, mittelalterliche Landsknechtsheere, ja auch Kaiser und Könige gezogen sind. Die bedeutendste dieser viel begangenen und befahrenen Routen war wohl die „Birkenhainer Straße" (siehe Kapitel 33 „Markt Frammersbach"), auch „Hohe Straße" genannt, „Frankenweg" oder „Nürnberger Straße". Über eine Strecke von 66 Kilometern durchquerte sie den Spessart von Ost nach West und verknüpfte so Hanau mit Gemünden am Main.

Der „Eselsweg" (siehe Kapitel 3 „Großheubach"), eine 75 Kilometer lange Route vor allem für den Salztransport, lief von Norden nach Süden durchs Waldgebirge, verband Bad Orb im Kinzigtal mit Miltenberg am Main. Die 25 Kilometer lange „Wiesener Straße" (siehe Kapitel 33 „Markt Frammersbach") zweigte am „Wiesbüttsee" (siehe Kapitel 41 „Wiesbütt") von der Birkenhainer Straße ab und lief als „Salzstraße" hinunter nach Lohr am Main. Die „Esselbacher Straße" maß 40 Kilometer, hieß auch „Alte Spessartstraße" und verknüpfte Aschaffenburg mit Lengfurt am Main. Die fünfte Route schließlich, die 52 Kilometer lange „Jüngere Spessartstraße", führte von Gemünden nach Aschaffenburg.

Diese alten Wegstrecken durch das sperrige Waldgebirge, das da Spessart heißt, sind nicht vergleichbar mit heutigen Fahrstraßen oder gar Autobahnen. Sie wurden von Pferdefuhrwerken, von Eselskarren, auch von Händlern zu Fuß genutzt, dazu immer wieder von durchziehenden Heeren. Oft waren sie in katastrophalem Zustand, obwohl stets mehrere Fahrspuren nebeneinander herliefen. Fuhrwerke blieben stecken oder stürzten gar um, begruben Fracht und Reisende unter sich. Sechs Pferde spannten die Frammersbacher Fuhrleute (siehe Kapitel 33 „Markt Frammersbach") ihren hochbeladenen Handelswagen vor. Am Zubringer zur „Wiesener Straße" in Frammersbach sind noch heute die Bremsspuren der bergab rollenden Fuhren im steinigen Weguntergrund zu sehen.

Manche dieser uralten Handelsstraßen führen noch heute durch den Spessart – als Wanderwege. Die beiden wichtigsten wohl sind die „Birkenhainer Straße" und der „Eselsweg". Die „Wachhütte" an der heutigen Landesstraße 3199 halbwegs zwischen Lohrhaupten und Pfaffenhausen steht unmittelbar an der alten Birkenhainer Straße. Die kommt hier von Gemünden heraufgezogen, berührt die „Bayerische Schanz" (siehe Kapitel 38 „Bayerische Schanz") und führt über Flörsbach auf Hanau zu. Ein Teilstück dieser historischen Straße gehört zu einem sieben Kilometer langen Rundwanderweg. Er beginnt an der Wachhütte und führt das Wegzeichen einer „Ameise".

Unterwegs ist immer mal wieder gut zu erkennen, wie die „Birkenhainer Straße" möglichst stets als Höhenweg auf dem Kamm des Waldgebirges geführt wurde. Alle, die in der Vergangenheit – ob zu Fuß oder mit dem Fuhrwerk – durch den Spessart hindurch mussten, wollten natürlich An- und Abstiege möglichst vermeiden. Anderthalb Kilometer nach Beginn der Wanderung an der Wachhütte geht der Blick links frei über Berg und Tal. Nach rechts hin wird der abfallende Hang hinunter ins „Handtal" durch den lichten Wald hindurch sichtbar.

Nach weiteren 500 Metern zweigt nach rechts ein großer Fahrweg ab, dem der Wanderweg mit der „Ameise" folgt. Das Zeichen ist hier leicht zu übersehen. Noch einmal aufpassen muss der Wanderer nach weiteren zweieinhalb Kilometern an einem auffälligen Wegedreieck. Die „Ameise" führt dort sowohl im Bogen links hinunter als auch nach rechts oben. Der direkte Weg zur Wachhütte läuft rechts mit der Wegbiegung weiter und wieder in den Wald hinein. Anderthalb Kilometer vor dem Ende der Runde tut sich nach links noch mal ein schöner Blick in die freie Landschaft auf.

Der Weg zur Wachhütte:
Der Parkplatz bei der Wachhütte mit Schutzhütte, Tisch und Bänken liegt zweieinhalb Kilometer südlich des Joßgrunder Ortsteils Pfaffenhausen unmittelbar an der Landesstraße 3199.

Weglänge: 7 km

Einkehren: Gasthäuser in Lohrhaupten und
              Pfaffenhausen

43 Rundwanderung um die Orbquelle

Dem „Roten Reh" auf der Fährte

Grad mal zehn Kilometer lang nur wird das Flüsschen, das dem Kurort den Namen gibt. Die „Orb" entspringt südöstlich des Städtchens Bad Orb (siehe Kapitel 44 „Bad Orb") im wasserreichen „Orber Reisig", fließt an einem Wildgehege vorbei, durcheilt den Orber Kurpark und ergießt sich schließlich wenig südlich der Stadt Wächtersbach in die Kinzig. In weitem Bogen führt ein stiller, einsamer Wanderweg rund um die Orbquelle. Ziemlich sicher ist der Wanderer hier ganz allein unterwegs. Höchstens, dass ihm hier und da mal ein Waldarbeiter den Weg kreuzt – mehr kaum.

Vom Parkplatz an der stark rauschenden Quelle läuft der Wanderweg mit dem Zeichen „Rotes Reh" auf dem Grasweg aufwärts und nach 120 Metern in den Wald hinein. Hier zeigt sich, welch reiches Einzugsgebiet die Orbquelle hat. Von allen Seiten strömt Wasser die Hänge hinunter. Nach 100 Metern liegt innerhalb des Waldes eine weitere gefasste Quelle, die ihr Wasser zur Orb schickt.

Der Weg mit dem „roten Reh" führt immer gradaus bergan. Es folgt ein gut 500 Meter langes, recht anstrengendes, weil stark bergan laufendes Stück Wanderung. Doch an seinem Ende, wo es auf einen querenden, festen Forstweg trifft, hat die Not ein Ende. Von nun an zeigt sich die Strecke nur noch von der angenehmen Seite, verläuft auf ebenen, gelegentlich ganz sacht an- oder absteigenden Pfaden. Am Ende dieses ersten und einzigen Berganstiegs der ganzen Runde also rechts.

Durch hohen Fichtenwald zieht sich der Weg. Dann wieder unter Buchen hin, hier und da durchsetzt mit Eichen. Das „rote Reh" führt sicher durch den Wald. Mal fällt der Berghang nach links ab, dann nach rechts. Im lichten Buchenwald ist immer wieder schön zu erkennen, wie die Waldwege sich an die Berghänge schmiegen, in weiten Bögen die Hangeinschnitte ausfahren.

Nach anderthalb Kilometern folgt eine auffällige Wegkreuzung. Das „rote Reh" führt gradaus über sie hinweg, läuft drüben um eine Biegung auf gleicher Höhe weiter – wie bisher. Eine schräg geführte Kreuzung wird nach weiteren 500 Metern überquert. Auch hier gradaus hinüber. Einen Kilometer nun noch bis zur „Stempelstelle 12" mit einer Bank daneben. Bald quert die Wanderung die Kreisstraße 890 Bad Orb – Lettgenbrunn.

Drüben nimmt den Wanderer wieder ein fester Forstweg auf, der Richtung „Bad Orb Kleffelberg Hütte" ausgeschildert ist. Nach einem halben Kilometer an der Weggabel rechts hinab. Von nun an heißt's allerdings aufzupassen. Denn bald steigt das „rote Reh" rechts hinab auf einem blätterübersäten Pfad ohne Fahrspur, der leicht übersehen werden könnte. Länger als einen Kilometer geht's nur noch bergab. Aber auch hier gilt es, ständig sorgfältig auf die Wegzeichen zu achten.

Denn die breiten, festen Waldwege sind nun verlassen. Der Pfad schlängelt sich im Buchenwald hinab, knickt unerwartet mal nach links, mal nach rechts. Allerdings ist schon bald das Rauschen der Orbquelle unten im Grund zu hören. Noch einmal wird die Straße überquert, dann ist das Ziel erreicht.

Der Weg zur Orbquelle: ℹ️
Auf der Kreisstraße 890, der „Villbacher Straße", aus Bad Orb hinaus Richtung Lettgenbrunn. Nach etwa fünf Kilometern liegt die Quelle links der Straße. Eine Wanderwegtafel zeigt die Strecke mit dem „roten Reh".

Weglänge:	6 km, anfangs anstrengend, dann leicht
Auskunft:	Kurdirektion Bad Orb
	Kurparkstraße 1
	63619 Bad Orb
	Telefon 0 60 52/8 30
	Telefax 0 60 52/47 80
	e-Mail kurgesellschaft@bad-orb.de
	Internet www.bad-orb.de
Einkehren:	Nicht am Weg durch den Wald. An der Kreisstraße 890, der Villbacher Straße, liegt ein Wildgehege. Dabei mehrere Gasthäuser.

Hinweis:
Ab Sommer 2002 verkehrt an Wochenenden und an Feiertagen in Bad Orb ein neues Museumsbähnchen auf 600 mm Feldbahn-spur. Die Dampflok mit vier Personwagen ist späte und kleinere Nachfolgerin der 1901 eröffneten und 1995 stillgelegten Normal-spurbahn zwischen Bad Orb und Wächtersbach

Der Räuber und der Fuchs

Nah der Stelle, an der einst das „Untertor" den Zugang zum Spessartstädtchen Orb, heute Bad Orb (siehe Kapitel 43 „Bad Orb"), bewachte, steht heute bei Tag und bei Nacht Peter von Orb – in Kupfer gegossen. Ihm zwischen den Füßen kuschelt sich ein Füchslein, auch in Kupfer. Peter von Orb, so heißt es in dem Kurort am Nordwestrand des Spessart, war vor langer Zeit ein übler Räuber. Er überfiel reisende Händler, raubte durchziehenden Kaufleuten die Fuhrwerke aus, nahm und stahl, was immer sich ihm bot. Aber – wann und wo der Übeltäter gelebt hat, was der Bösewicht tatsächlich angestellt hat, das weiß in Bad Orb heute niemand mehr so richtig. Nicht mal ist sicher, ob der Peter denn überhaupt je gelebt hat.

Aber die kleine traurige Geschichte, die Peter von Orb und das Füchslein zwischen seinen Füßen verbindet, kennt jeder im Kurort. Eines Tages, so wird erzählt, war der Räuber nach vielen vergeblichen Versuchen endlich gefangengenommen worden. In jenen heute so fernen Zeiten gab es noch keinerlei Gefängnis, in das der Peter hätte gesteckt werden können. Also warf ihn der Magistrat in den „Wartturm" droben auf dem Orber „Molkenberg". Das Eingangstor wurde zugemauert. Peter von Orb sollte nie mehr freikommen. Doch fand er Hilfe bei einem treuen Freund.

Jahre zuvor hatte Peter einen jungen Fuchs gefangen, aufgezogen, gezähmt und immer mit sich geführt. Das anhängliche Tier wühlte, scharrte, grub nun stundenlang unter den Grundmauern des Wartturms. Endlich hatte es einen engen unterirdischen Gang ausgehöhlt. Durch ihn zwängte sich Peter von Orb ins Freie, entfloh aus dem Turm. Das unglückliche Füchslein aber schnappten die Wächter auf der Flucht. Sie vergruben es in dem unterirdischen Gang und schleppten einen großen Stein vor den Eingang. So jedenfalls erzählt es die „Sage vom Fuchsstein".

Das Städtchen Orb galt über viele Jahrhunderte hin als ausgesprochen wohlhabend – gründend auf seinen Salzquellen, aus denen das „Weiße Gold" gewonnen wurde. Vom späten Mittelalter bis ins 18. Jahrhundert hinein lebten seine Bürger gut davon. Allerdings richteten sie damit zugleich die umliegenden Wälder zugrunde. Denn Unmengen an Holz wurden gebraucht, um in den Sudpfannen das Salz aus der Sole herauszukochen. Später, als die Wälder weitgehend abgeholzt waren, wurde das Salz gewonnen, indem die Sole in Gradierwerken über Reisigwände rieselte, wobei das Wasser verdunstete. Heute ist der Orber Salzhandel verschwunden, geblieben ist der Kurort Bad Orb.

Ein kleiner Rundgang durchs Städtchen beginnt beim Peter von Orb. Von ihm geht's erst mal auf den Brunnen mit der gewundenen, sich drehenden Aluminiumsäule zu. Von dort in die Altstadt hinein und gleich rechts in der „Pfarrgasse" weiter. Sehr schnell führt der Weg auf ein winziges Häuschen zu, das am Anfang der „Kirchgasse" steht – „Hessens schmalstes Fachwerkhaus", grad 1,58 Meter breit an seiner engsten Stelle.

Weiter in der Kirchgasse, die fast ausschließlich aus Fachwerkbauten besteht. Am „Marktplatz" mit dem Brunnen drauf liegt die „Alte Posthalterei". Ihre Geschichte erzählen die Freiluftbilder an der Außenwand. Ein Blick ins Innere zeigt drei Wandgemälde. Sie lehren, wie einst mit „Bürgerinitiativen" umgegangen wurde. Als der Orber Magistrat im Jahr 1865 das herrliche Fachwerkrathaus abreißen wollte, taten sich Bürger zusammen, um den Abbruch zu verhindern. Sie scheiterten am Machtwort der Obrigkeit. Die beiden Wortführer des „Aufstandes" wurden vom Amtsgericht in Lohr zu je 57 Tagen Arrest verurteilt. Das Rathaus wurde trotzdem abgetragen.

Nun führt der Stadtbummel die „Hauptstraße" hinauf, läuft an aufwendig und mit viel Fassadenschmuck verzierten Fachwerkhäusern alter Patriziergeschlechter vorüber, gelangt zum „Solplatz" mit seinem „Jubiläumsbrunnen". Dies Denkmal hat sich der Kurort im Jahr 1987 selbst geschenkt, als sein Heilbad 150 Jahre alt wurde. Die drei Buben auf der Brunnensäule stellen die drei Orber Heilquellen dar: Ludwig, Martin und Philipp. Der Bilderfries am Schaft der Säule erzählt aus der Stadtgeschichte.

Die Hauptstraße mündet in den „Salinenplatz", von dem aus der weitere Weg links in den „Quellenring" führt. Dort rauscht das Flüsschen Orb hindurch und seinem Zusammenschluss mit der „Hasel" entgegen. Gemeinsam ziehen sie zur Mündung in die „Kinzig" weiter. Durch eine der folgenden Parallelgassen kehrt der kleine Stadtrundgang nach links zur Hauptstraße zurück und endet am Marktplatz.

Der Weg nach Bad Orb: 🛈
Anschlussstelle 66 „Bad Orb/Wächtersbach" der Autobahn Hanau – Fulda

Weglänge:	etwa 1,5 km
Führungen:	Stadtführung samstags 10.00 Uhr ab der Lesehalle im Kurpark. Die Kurdirektion hat ein Faltblatt mit Stadtplan, das einen „Historischen Stadt-Rundgang" über mehr als 30 Stationen beschreibt.
Auskunft:	Kurdirektion Bad Orb siehe Kapitel 43

Peter von Orb und sein Füchslein

Zu Märchen und Marionetten

Ganz am nordwestlichen Rand des Spessart, eigentlich außerhalb des Waldgebirges schon, liegt mit 11 000 Einwohnern das Städtchen Steinau an der Straße – an der uralten Handelsstraße nämlich von Frankfurt am Main nach Leipzig. Das allein wäre kein Grund, den Ort im Kinzigtal zu besuchen. Auch der noch immer von Fachwerkbauten geprägte Altstadtkern ist nicht unbedingt das Ziel der Reise.

Nach Steinau an der Straße führt der Ausflug der Gebrüder Grimm wegen, der Märchenbrüder. In ihrer frühen Jugend, von 1791 bis 1796, haben Jacob und Wilhelm Grimm, die Sammler der „Kinder- und Hausmärchen", auch mancher deutschen Sagen, mit Eltern und Geschwistern in Steinau gelebt. Im Amtshaus aus dem Jahr 1562, in dem Vater Philipp Wilhelm Grimm als landgräflicher Amtmann für Steinau und Schlüchtern wirkte, ist heute das „Brüder-Grimm-Haus Steinau" eingerichtet, eine umfangreiche Rundumsicht auf das Leben der Brüder und ihre in 160 Sprachen der ganzen Welt verbreiteten Märchen.

Eine etwas kleinere Ausstellung zu den Brüdern Grimm als jene im ehemaligen Amtshaus ist im Steinauer Schloss zu sehen. Die ist dort hineingekommen, weil im Schloss auch ein Marionettentheater zu Hause ist. Und weil das immer mal wieder Märchen der Brüder Grimm in seinem Programm hat, lag nahe, den Märchensammlern ein paar Schauräume zu widmen. Der Schlossbesucher ist also Gast bei Märchen und Marionetten.

Und noch mal Märchen – nämlich am „Märchenbrunnen" vor dem Schloss. Dort steht seit 1985 eine gut vier Meter hohe steinerne Säule in einem kreisrunden Brunnen. Auf vier Etagen ist sie mit Märchengestalten übersät. Vom „Fischer un sine Fru", dem „Gevatter Tod" und den „Goldkindern" über „Rumpelstilzchen" und „Rotkäppchen" und „Frau Holle" bis hin zu „Rapunzel", dem „Dornröschenschloss" und dem „Froschkönig" lassen sich leicht mehr als ein Dutzend Märchen ausfindig machen. Sogar auf dem Brunnenrand hocken Märchenfiguren.

Der Weg nach Steinau:
Steinau liegt an der Bundesstraße 40, der „Deutschen Märchenstraße", zugleich „Deutsche Fachwerkstraße", etwa halbwegs zwischen Schlüchtern und Bad Soden-Salmünster.

Auskunft:	Städtisches Verkehrsbüro
	Brüder-Grimm-Straße 70
	36396 Steinau an der Straße
	Telefon 0 66 63/96 31-0
	Telefax 0 66 63/96 31-33

e-Mail verkehrsbuero.steinau@t-online.de
Internet www.steinau.de

Einkehren: Gasthäuser im Ort, nicht in den Museen

Schloss
mit Grimm-Museum, Marionettenausstellung und Turmbesteigung

Öffnungszeiten:	März bis Oktober	10.00 – 17.00 Uhr
	November bis	
	16. Dezember	10.00 – 16.00 Uhr
	montags und freitags	geschlossen

Auskunft: Telefon   0 66 63/68 43

Marionettentheater
im Marstall des Schlosses

Vorstellungen:	samstags und sonntags	15.00 Uhr
	darüber hinaus	
	nach Anmeldung	täglich

Spielpausen in der Regel für drei Wochen im Juli sowie von Weihnachten bis Mitte Januar.

Auskunft: Marionettentheater Steinau
Postfach 11 66
36396 Steinau an der Straße
Telefon 0 66 63/2 45

Brüder-Grimm-Haus

Öffnungszeiten:	März bis Dezember	
	täglich	14.00 – 17.00 Uhr

Auskunft: Städtisches Verkehrsbüro
Telefon 0 66 63/9 63 10

Museumskasse
Telefon 0 66 63/76 05

Stadtführungen für Kinder
Einstündiger Rundgang durch die mittelalterliche Stadt samt Stadtmauer und Schloss.

„Erlebnispark Steinau"
2,5 Kilometer südlich Steinau Richtung Marjoß. Dort gibt's: Tiere, Blumen, Streichelzoo, Spiel- und Liegewiesen, Grillplatz, 850

Meter Sommerrodelbahn, Wasserbobs, Riesentrampolin, Bobby-cars, Kleinkinderkarussell, Kleinkindereisenbahn, Tierkinderstu-be. Landwirtschaftsmuseum und vieles mehr.

Öffnungszeiten: März bis Oktober
täglich   9.00 – 18.00 Uhr

Auskunft: Telefon 0 66 63/68 89
Internet www.erlebnispark-steinau.de

Teufelshöhle
Hessens einzige Tropfsteinhöhle

Öffnungszeiten/Führungen:
Ostern bis Oktober
samstags   13.00 – 19.00 Uhr
sonn- und feiertags   10.00 – 19.00 Uhr
Juni bis Oktober
täglich   13.00 – 17.00 Uhr
Eine Führung dauert knapp 20 Minuten.

Anfahrt:
Die Höhle liegt drei Kilometer nördlich der Steinauer Innenstadt und ist von der Landstraße 3179 Richtung Freiensteinau her aus-geschildert.

Rapunzel im Schloss Steinau

Das Archäologische Spessart-Projekt

Nicht nur Räuber und Armut im Wald

Gelegentlich trifft der Ausflügler im Spessart auf kleine blaue Markierungstäfelchen im Gelände. Sie tragen ein kleines stilisiertes gelbes Wikingerboot, über dem fünf ebenfalls gelbe Europasternchen schweben. Es ist das Markenzeichen des „Archäologischen Spessart-Projekts". Der Name kommt umständlich daher. Das Ziel des Projekts aber hat es in sich. Es lohnt, sich um die kleinen blauen Schildchen zu kümmern. Sie werden ständig mehr.

Ins Jahr 1995 führen die Schiffchen zurück, als in Bad Orb der „Spessartkongress" tagte. Daraus ging der gemeinnützige, Bundesländer- und Landkreisgrenzen übergreifende Verein „Archäologisches Spessart-Projekt" (ASP) hervor. Der sollte anfangs nur den Spessart in seiner kulturhistorischen Vielfalt erforschen und die Ergebnisse an die Öffentlichkeit bringen. Inzwischen ist das ASP in ein europaweites Gehäuse geschlüpft, die „European Cultural Paths" und die „Pathways to Cultural Landscapes", die „Europäischen Kulturwege" also und die „Wege zur Kulturlandschaft". Die mehrjährige Arbeit des ASP hat dazu beigetragen, das Bild der „Kulturlandschaft Spessart" zu vermitteln. Dies wohl, um das Ganze dem Außenstehenden überhaupt verständlich zu machen. Leser, Betrachter und Ausflügler mögen sich nun eher Konkretes vorstellen.

Das Spessart-Projekt, dessen Kürzel ASP sich bereits einigermaßen verselbständigt hat, fährt auf verschiedenen Ebenen. Zunächst entsteht eine komplette Kartierung des Naturraums und der vom Menschen geprägten Kulturlandschaft Spessart. Dazu werden Übersichten über Bodenbedeckung, historische Grenzen, Entwicklung der Besiedlung erarbeitet. Gemeinsam mit den Gemeinden im Spessart wird darüber hinaus ein Netz von „Kulturwegen" angelegt. Jedem beteiligten Ort werden dazu unterschiedliche Schwerpunkte zugewiesen. Auf diese Weise soll dem Besucher die Vielfalt der regionalen kulturellen Entwicklung vor Augen geführt werden. Zwei Beispiele zeigt dieser Ausflugsführer in den beiden „Frammersbacher Kulturwegen" (Kapitel 33 „Markt Frammersbach" und Kapitel 35 „Markt Frammersbach"), Ende 2002 soll es schon 20 Kulturrundwege geben.

Dass es zu Ämtern und Institutionen zu beiden Seiten der bayerisch-hessischen Landesgrenze ernst ist mit dem ASP, erweist sich neben anderem an seinem wissenschaftlichen Anspruch. Zusammenarbeit mit Universitäten wird gepflegt. Dissertationen zur Geologie des Spessart, zur Glasherstellung werden vergeben. Volkshochschulen und andere Bildungseinrichtungen vermitteln über Vorträge und Exkursionen Wissen zum Spessart.

Alles in allem will das ASP das Bild aufpolieren und zurechtrücken, das sich in den Köpfen der Deutschen von diesem Mittelgebirge festgesetzt hat. Denn der Spessart, so lässt sich auf der Internet-Seite des Projekts nachlesen, ist mehr als ein Wald mit einigen wenigen Glashütten drin und vielen Räubern. Dass dies richtig ist, soll nebenbei auch das Projekt KUNSTRASEN beweisen. Das stellt von Zeit zu Zeit für begrenzte Dauer Künstlerarbeiten in die freie Natur hinaus.

Dass dies ganze große Instrument zur Erkundung des Spessart trotz seiner europäischen Dimension noch immer den alten, umständlichen Namen „Archäologisches Spessart-Projekt" trägt, hat mit Tradition zu tun. Angefangen nämlich hat es damit, dass nur die vorhandenen Bodendenkmäler umfassend und systematisch aufgenommen werden sollten. Europa, aber auch das positive Echo zur Arbeit des Vereins, haben den Rahmen seiner Tätigkeit ausgeweitet. Gerade deshalb wollen die Initiatoren die Bodenhaftung nicht verlieren. Der ursprüngliche Name bleibt, nicht zuletzt, weil sich die Leistungen des Vereins ASP herumgesprochen haben. Auch die Spessarträuber pflegten nicht mitten im Galopp die Pferde zu wechseln. Dass im Projekt dennoch die Zeit nicht stillsteht, erweist sich an seiner lesenswerten Internet-Seite.

Auskunft: Das Archäologische Spessart-Projekt
Schlossplatz 4
63739 Aschaffenburg
Telefon 0 60 21/3 86 74 15
Telefax 0 60 21/3 86 74 30
e-Mail info@spessartprojekt.de
Internet www.spessartprojekt.de und
www.pcl-eu.de

Der Spessartbund

Mit dem 2. Oktober 1876 setzt die Geschichte des „Spessartbund" ein. Der Medizinstudent Karl Kihn aus Michelbach gründet den „Freigerichter Bund". Er will in den zum Freigericht gehörenden Pfarreien Alzenau, Hörstein, Mömbris und Schimborn den zu Besuch weilenden Touristen den Aufenthalt angenehm machen. Dazu soll der Verein Fußwege verbessern, Wegweiser anbringen, Ruhebänke aufstellen.

Drei Jahre darauf entsteht in Hanau ein ähnlicher Verein, im Jahr 1880 auch in Aschaffenburg. Die Idee breitet sich über den gesamten Spessart aus. Im Jahr 1912 wird eine Arbeitsgemeinschaft der Vereine gebildet, im Jahr darauf in Hanau der Spessartbund gegründet.

Heute ist der Spessartbund ein Gebietsverein des Verbandes Deutscher Gebirgs- und Wandervereine mit Sitz in Aschaffenburg. Ihm gehören 92 Ortsgruppen mit mehr als 18 000 Mitgliedern an, die überwiegend innerhalb des Mainvierecks bis zum Kinzigtal beheimatet sind.

Aufgaben sind neben anderem Naturschutz und Landschaftspflege, Förderung des Wanderns für jedermann, Förderung, Pflege und Erhaltung von Kulturwerten, Jugendarbeit sowie Anlage und Betreuung von Wanderwegen, Wanderheimen und Hütten.

Betreut werden insgesamt rund 3 800 Kilometer Fern- und Rundwanderwege im größten zusammenhängenden Laubwaldgebiet Deutschlands. Außerdem markiert der Bund gut 2 500 Kilometer Rundwanderwege im „Naturpark Spessart". Viele dieser Wander- und Wegezeichen sind in diesem Ausflugführer erwähnt und helfen so dem Spessartbesucher, die Schritte richtig zu lenken.

Die im Vorwort aufgeführten Landkarten können ebenso wie andere Schriften und weiterführende Literatur von der Geschäftsstelle des Spessartbundes bezogen werden. Dort gibt's zudem eine Broschüre „Wandervorschläge für Rollstuhl und Kinderwagen" mit Routen zwischen 800 Metern und 13 Kilometern.

Geschäftszeiten:	dienstags	9.00 – 14.00 Uhr
	mittwochs	9.00 – 13.00 Uhr
	samstags	9.00 – 12.00 Uhr
Anschrift:	Spessartbund e. V.	
	Strickergasse 16a	
	63739 Aschaffenburg	
	Telefon 0 60 21/1 52 24	
	Telefax 0 60 21/2 14 94	
	e-Mail geschaeftsstelle@spessartbund.de	
	Internet www.spessartbund.de	

Ortsliste (mit Kapitelangaben)

Gerrit-R. Ranft

Mit Kindern im Naturpark Rhön

50 x bergauf bergab durch Wiese, Moor und Heide

Fleischhauer & Spohn

132 Seiten, 29 Schwarzweißfotos, 10 Kartenskizzen

Seit 1991 ist die Rhön eines von 300 weltweit anerkannten Biosphärenreservaten der Weltkulturorganisation UNESCO. Sie stellt eine nahezu unerschöpfliche Fundgrube für immer neue Entdeckungen dar. Burgen und Klöster beflügeln als Überbleibsel längst vergangener Zeiten die Fantasie, und neben der reichen Flora und Fauna sind auch gewaltige Felsformationen zu sehen. Mit diesem Wanderführer von **Gerrit-Richard Ranft** ist Langeweile ein Fremdwort.

Neben ausführlichen Routenbeschreibungen, detaillierten Skizzen und interessanten Informationen zu Geschichte, Geographie und Geologie findet man am Ende jedes Kapitels einen Info-Teil mit zusätzlichen Hinweisen auf Anfahrtswege, Öffnungszeiten, Eintrittspreise und Einkehrmöglichkeiten.

ISBN: 3-87230-538-7

Mit Kindern unterwegs

Kern/Kertelhein

Im Odenwald

Fleischhauer & Spohn

156 Seiten, 29 Schwarzweißfotos

Das Gebiet in und um den Odenwald ist eine beliebte Wanderregion. Dass es dort auch für Kinder Interessantes zu entdecken gibt, beweist dieser Reiseführer von **Katja Kern** und **Arne Kertelhein**. Für Familien wurden die spannendsten Ziele zusammengestellt, wobei für jeden Geschmack und für jedes Alter etwas dabei ist: Wir durchstreifen Wälder und Moore, spielen an Flüssen und Seen, lernen auf unseren Wanderungen Kaiser, Könige und mächtige Grafengeschlechter mit ihren Burgen und Schlössern kennen, werfen aber auch manchen Blick in Museen, einfache Bauernhäuser und kleinste Tagelöhnerstuben.

Ein übersichtlicher Info-Teil am Ende jedes Kapitels erleichtert die Vorbereitung und nennt neben den Anfahrtswegen und der Länge der jeweiligen Wanderungen auch Eintrittspreise und Öffnungszeiten.

ISBN: 3-87230-544-1

108 Seiten, 30 Schwarzweiß-
fotos, 7 Kartenskizzen

Der Pfälzerwald ist seit eh und je ein beliebtes Ausflugsgebiet in Deutschland, das auch sehr viel für Familien mit Kindern zu bieten hat. In 27 Kapiteln stellt **Heinz R. Wittner** Ausflugsziele vor und denkt dabei vor allem an das, was Kinder interessiert: Ruinen, Ritter, Drachenfelsen, Spielzeugmuseum, Nostalgiebähnchen... In diesem Buch ist garantiert für jeden Geschmack etwas dabei.

Am Ende jedes Kapitels findet sich ein Info-Teil, in dem u. a. Anfahrten beschrieben, Einkehrmöglichkeiten erwähnt sowie Museen und andere Sehenswürdigkeiten vorgestellt werden – also eine praktische Planungshilfe für einen attraktiven und erlebnisreichen Familienurlaub.

ISBN: 3-87230-565-4

144 Seiten, 28 Farbfotos

Sabine Bongartz, die seit vier Jahren im Rheingau-Taunus-Kreis lebt, hat mit diesem Ausflugsführer ein richtiges Nachschlagewerk für Familien mit Kindern geschaffen. Der Rheingau zieht schon immer viele Ausflügler und Weinfreunde in seinen Bann. Gemeinsam mit den angrenzenden Großstädten Wiesbaden und Mainz bietet die reizvolle Region aber auch für Kinder eine umfangreiche Palette an Freizeitanlagen, kindgerechten Kultureinrichtungen und erlebnisreichen Spazierwegen.

Ausführliche Info-Teile sowie ein thematisches Stichwortregister helfen bei der Auswahl und Planung der Touren.

ISBN: 3-87230-569-7

144 Seiten, 50 Farbfotos

In diesem Erlebniswanderführer hat **Gerrit-Richard Ranft** die schönsten Ausflüge und Ziele am Bodensee in 38 Kapiteln zusammengefasst: z. B. eine Wanderung durch die Maria-schlucht, die Büffelherde am Boden-wald oder das Ravensburger Spiele-land. Apropos: Käpt'n Blaubär hat für dieses Buch eine exklusive Geschichte erlogen – Entschuldigung: erfunden!

Die einzelnen Ausflüge und Wande-rungen sind genau beschrieben und so gewählt, dass sowohl Kinder als auch Erwachsene Spaß daran haben.

Ein übersichtlicher Info-Teil am Ende jedes Kapitels mit Hinweisen auf Spiel- und Grillplätze, Strand-bäder, Museen und Tourist-Infor-mationen samt Internet- und e-Mail-Adressen erleichtert die Pla-nung und Vorbereitung.

ISBN: 3-87230-564-6

132 Seiten, 29 Schwarzweiß-fotos, 10 Kartenskizzen

Elke Homburg hat die schönsten Ausflüge und Ziele in Oberbayern zu 31 kindgerechten Touren zusam-mengefasst: Fünf-Seen-Land, Wer-denfelser Land, Isarwinkel, Tegern-seer Tal, Miesbacher Oberland, Chiemgau und Berchtesgadener Land laden Jung und Alt zu außer-gewöhnlichen Entdeckungen ein. Selbstverständlich wurden alle Vor-schläge von und mit Kindern getes-tet. Ob auf dem Moor-Rundweg im Murnauer Moos mit Gruselge-schichten und Gänsehaut, ob tem-poreich bergab auf der Sommerro-delbahn bei Schliersee oder auf den Spuren von Ludwig und Sisi – jede Menge Spaß für die ganze Familie ist garantiert.

Ein übersichtlicher Info-Teil am Ende jedes Kapitels erleichtert die Vorbereitung und nennt neben dem Anfahrtsweg und der Länge der je-weiligen Wanderung auch Eintritts-preise und Öffnungszeiten.

ISBN: 3-87230-560-3

155 Seiten,
49 Farbfotos,
21 Karten

Ute und Peter Freier sind erfahrene Autoren, die bereits in verschiedenen Verlagen erfolgreiche Wanderführer veröffentlicht haben. Mit der Familie auf der Albhochfläche zu radeln war eine neue Erfahrung, sehen Kinder doch viele Dinge ganz anders als die mitradelnden Erwachsenen. So galt es, aus der Vielzahl möglicher Touren die Interessen von Familien und besonders die der Kinder zu berücksichtigen. Zu jedem Kapitel gibt einen abgesetzten Textteil, der sich einem besonderen Thema widmet. So lernen Sie die Sagengestalten, die geologischen Besonderheiten und die Bräuche der Schwäbischen Alb schon bei der Vorbereitung Ihres Ausflugs kennen und die Kinder freuen sich auf die Begegnung vor Ort.

Ausführliche Info-Teile in jedem Kapitel ermöglichen eine detaillierte Planung schon zu Hause, die speziell für dieses Buch angefertigten Karten veranschaulichen die Streckenführung.

ISBN: 3-87230-560-3

144 Seiten,
28 Farbfotos,
18 Karten

Familienausflüge mit dem Fahrrad zu Zielen wie aus dem Bilderbuch. „Viel zu viele Ziele" – schon nach kurzer Zeit war unserer Autorin **Bettina Schümann** klar, dass sie mit einem einzigen Buch zu viele ihrer Lieblingsziele nicht ausführen könnte. So konzentriert sie sich in ihrem ersten Band (ein Folgeband erscheint im Frühjahr 2003) ganz auf das Gebiet vom südlichen Isartal ins Fünf-Seen-Land.

Dabei legt sie Wert auf die Anreise mit dem MVV, auf Strecken für Kinder jeden Alters und natürlich auf Ziele entlang der Route zum Staunen und Spielen, Baden und Plantschen, Rasten und Ruhen. Auch die Großen kommen nicht zu kurz: Sehnsüchtige Verzweiflung befiel unser Lektorat bei jeder Erwähnung eines Biergarten oder Strandbades.

Detaillierte Info-Teile und speziell angefertigte Karten erleichtern die Planung des Familienausfluges.

ISBN: 3-87230-575-1